赵家璧
与 1930 年代的
文学场

Zhao Jiabi
and the Literary Field of
the 1930s

傅乃芹　著

自　序

今编修，古编修，耕稼年年不自谋，文明汩汩流。

有来由，无来由，仰慕情深多探求，稿成皤了头。

——《长相思·写于本书出版之际》

这首小词，寄托我此时的感慨。历代编辑出版人，辛苦耕耘，不是为自己谋福利，反而是为了成全他人写作、出版的心愿，文明之河因他们而川流不息。我对赵家璧先生的仰慕之情很难解释是出于什么样的缘由，长期关注和研读先生的著作，我终于写成了这本书稿。从少年读书起，到如今付梓时，时光匆匆催人老啊。

编辑出版业，成为我与赵家璧先生之间的纽带，虽然我们没有当面交流的良机，却在精神上达成了相当的默契。1997年，我考入河南大学，攻读编辑学本科专业。在接下来的学习中，我注意到，先生的名字多次出现在编辑出版史的著作中。而当我进一步了解先生的生平事迹时，蓦然发现，他辞世的那一年，恰恰也是1997年。"君生我未生，我生君已老"，我不由得怅然若失。直到有一天，我读了先生所著的回忆文集《书比人长寿：编辑忆旧集外集》，才从怅然中稍得慰藉。是啊，书比人长寿，先生的文化情怀与编辑成果、学术论著，是他留给世间最宝贵的财富，研读这些财富，我同样可以走近他，向他请教，与他对话。

我在山东大学攻读文艺学博士学位的时候，也叹服于赵家璧先生在中国现代文学史方面的耕耘之功：他是最早追随鲁迅先生的文化战士，为左翼文学的发展壮大贡献了力量；他在文化上有开阔的视野，吸收他国的经验滋养中国的出版业；他在文学界广结善缘，维护着流派纷呈的作家群，这成为他策划选题的源头活水；他组织编纂的《中国新文学大系》成为中国现代文学经典化道路上的奠基石……因此，我的博士学位论文选题就聚焦于赵家璧先生对于中国现代文学的影响。

2024年春节，我对博士论文再作修订，准备出版。当全国上下受到习近平文化思想的指引和鼓舞、争先恐后为建设中华民族现代文明贡献力量的时候，我思考的是：我这篇有关赵家璧先生的研究论文，对于当前的文化事业能不能有一点点价值呢？

生产力是马克思主义政治经济学研究的重要概念，社会生产力和个人生产力都不容忽视。二者的根本区别在于它们的社会属性不同，前者反映劳动的社会性质，后者反映劳动的个人性质。对出版人个体的研究，是对文化行业中个人生产力的研究。通过研究其思想、行动，了解其性格、特征，做出正确的价值判断，进而从人物论时代，从时代论人物，了解一个时代的发展背景和特征，客观公正地评价人物在历史进程中产生的作用，这是研究出版史人物的一般路径。

我认为，研究出版史人物具有重要的意义，主要体现在以下几个方面。第一，研究出版史人物，可以了解出版业的起源、发展和变革，以及不同历史时期的出版环境和特点。第二，出版史人物的思想、行为和决策对社会产生了深远的影响，通过研究他们，可以更好地认识出版业在社会进步、文化传承和知识传播中的作用。第三，研究出版史人物，可以用前人的智慧为当前出版业提供宝贵的经验和启示，有助于我们更好地面对新的挑战和机遇，推动出版业的创新和发展。总之，研究出版史人物，对于了解出版业的历史，认识出版业在社会进步中的作用，继承出版人的传统技艺和文化精神，以及推动出版业的创新和发展具有重要意义。

我愿为文化的薪火相传贡献我的一点微光，不足之处，请广大读者朋友、学术专家批评指正。

2024 年 3 月落笔于春城昆明

目 录

前 言 ·· 1

绪 论 ·· 1
  第一节 论题缘起：赵家璧的文艺传播个案剖析······ 2
  第二节 文献综述、研究方法 ·························· 11

第一章　1930 年代文学场中的赵家璧 ················ 18
  第一节 1930 年代的文学场 ···························· 20
  第二节 文学编辑：赵家璧的文化身份 ················ 31
  第三节 赵家璧的文学编辑思想 ························ 40

第二章　开拓作家资源
  ——汇聚现代文学的生产力量 ·················· 54
  第一节 赵家璧的作家资源 ···························· 56
  第二节 赵家璧与徐志摩作品的流传 ···················· 72
  第三节 赵家璧与左翼文学的突围 ······················ 80

第三章　借鉴外国文艺
  ——提供现代文学的创作摹本 ·················· 90
  第一节 翻译西方文学作品 ···························· 92

1

第二节　赵家璧对翻译文学的编辑贡献……………………101
　　第三节　赵家璧对外国文学译介的贡献………………………111

第四章　编纂文学选本
　　——建构现代社会的文学经典……………………………125
　　第一节　文学选本与经典建构……………………………127
　　第二节　对现代文学第一个十年的反思
　　　　　　——组织编纂《中国新文学大系》…………139
　　第三节　选本自身的经典性
　　　　　　——《中国新文学大系》在文学史中的
　　　　　　　　坐标意义…………………………………149

第五章　适应市场法则
　　——接纳现代文学的商品属性……………………………160
　　第一节　赵家璧对良友品牌的继承和重塑…………………162
　　第二节　赵家璧的文学市场策略……………………………175

结　　语………………………………………………………195

附　　录………………………………………………………207

参考文献………………………………………………………221

后　　记………………………………………………………233

前　言

在中国现代文学起步的时候，图书、报刊等印刷媒介的成熟与普及改变了以往文学传播的模式，现代传媒机制中的作者、编辑、媒介构成了文学传播的核心力量。文学编辑作为媒介的管理者和参与者，在文学传播过程中发挥了"把关人"和推动者的作用，调节着作家与读者之间的传播与接受行为，是文学传播链条中不可或缺的环节。他们往往通过倾注于文学读物中的编辑劳动将文艺作品、文艺动向和文艺思想传播出去，并试图引导社会的文学审美倾向。

赵家璧（1908—1997），上海市松江人，是中国现代文学史上著名的编辑家、翻译家和评论家。在中国1930年代特殊的历史背景下，他敏感地意识到中国新文学建设的重要性，迫切地为中国文学寻找现代化发展道路。他广泛联络作家，汇聚和保存了中国现代文学最优秀的创作力量；他有计划、有体系地向国内读者译介外国文学作品，为中国文学的现代化发展提供范本，搭建起中国文学和世界文学沟通互鉴的桥梁。他积极开拓现代文学选题，以丛书和选本等出版方式为中国现代文学的经典化做出努力；在现代市场经济环境中，他探索出一系列普及文学优秀读本的办法，积累了文学的市场化生存经验。赵家璧的文学编辑策略融会了一代知识分子的文化理想，造就了

《良友文学丛书》、《中国新文学大系》(以下简称《大系》,特殊情况除外)等一批现代文学的经典文献,并在一定程度上塑造了中国现代文学的学术传统,这在文学史上产生了深远影响。本书主要包括以下几个部分。

绪论部分主要介绍课题的缘起、研究的现状、本书的研究方法。赵家璧在出版史和文学史上具有重要地位,《大系》等编辑成果不足以概括他对中国现代文学的影响。总体上看,有关赵家璧研究的文献多聚焦于他的编辑出版成就,较少关注他对中国文学现代性的探求。本书对赵家璧1930年代文学传播活动及其影响所开展的研究,是对文艺传播学中文学编辑主体进行的个案研究,将通过研读文献,交叉运用多种学科知识与方法,着力剖析赵家璧编辑行为深层的文学史意义。本书涉及现代文学史典型的时间、空间和作家群体,重新评价了文学编辑在文学史中的主体地位,具有一定的创新性。

第一章从场域理论角度分析赵家璧与1930年代文学场的概况。当时的文学场呈现明显的几个特点:政治权力干预,商业观念浸染,文艺观念论争。赵家璧的教育背景和他学生时代的文学编辑经验构成了他参与文学场竞争的文化资本,也建构了他的文化身份——文学编辑。他作为新文学的传播者,自觉担负起整理旧文、启发新人的历史使命。赵家璧的文艺传播思想是他长期文化实践经验的沉淀,是他处理与作家的关系和对待文学经典化、外国文学输入中国、文学商业化等文学现象的指导性原则。

第二章从文学社会学角度阐述赵家璧开发作家资源、集结中国现代文学生产力的过程。作家资源是作品资源的源头活水,赵家璧通过师生、同乡、同事等基础社会关系而营建起来

前言

的作家交往网络，大大拓展了他接收和传播文坛信息的渠道。他将召集起来的文化精英组织到大型文学丛书的编纂工作中，促使编辑与作家共同建设新文学。赵家璧具有文学史家的敏感，是最早整理徐志摩遗著的专业编辑，为确立徐志摩的文学史地位提供了翔实的文献资料。赵家璧为左翼文学的文化反"围剿"斗争提供了有力的支持，表现出他无惧无畏传播进步文艺的精神。赵家璧广泛团结作家群体，通过编辑工作组织起社会化的文学生产活动，促进了新文学的繁荣。

第三章阐述赵家璧对外国文艺的学习态度和在图书出版事业上对翻译文学的传播贡献。赵家璧的翻译文学观与五四文学革命中所提倡的"真诚模仿"的翻译观一脉相承，他通过编辑和出版翻译著作向中国民众普及现代意识，他所描绘的世界文学图景借助一定的编辑策略而具有了系统性。赵家璧也亲自翻译了大量外国文学著作，广泛引入西方各种流派的文学作品和理论，特别是他的关于美国文学的理论专著《新传统》，在剖析美国文学独立发展脉络的同时，指出了美国经验对我国新文学建设的参考价值。赵家璧传播的翻译文学为中国作家提供了创作的摹本，促进了中国现代文学的变革与成熟。

第四章阐述赵家璧通过编纂选本进而建构现代文学经典的理念与方法。在中国传统文学中，选本在传播作品、塑造经典中发挥了重要作用，赵家璧将这一方法借用到对新文学的传播中，《二十人所选短篇佳作集》《大系》《世界短篇小说大系》体现了他对中国新文学的艺术标准及为新文学经典化所做出的努力。《大系》不拘一格的编选者队伍呈现了1930年代中国文坛流派并峙的状况，编选者从各自角度对新文学第一个十年所进行的评述成为现代文学的经典文论。《大系》奠定了赵家璧在中国现代文学史上的地位，是中国现代文学经典化的开始。

第五章从文学出版商业化的趋势入手，探讨赵家璧为加强优秀新文学读本的传播效果而在接纳文学的商品属性、适应文学市场法则方面所做出的一系列努力。良友图书印刷公司（以下简称"良友公司""良友"）是中国现代书业的先锋，赵家璧的文学编辑活动的顺利开展以适应中国现代文学的商品化生产机制为前提。现代作家稿酬意识的觉醒以及出版机构商业经营模式的建立使文学的商品属性在社会上得到普遍的认同。赵家璧继承和重塑了"良友"文化品牌，使良友文学书刊在保持文化品位的同时具有强大的亲和力。赵家璧的杂志化的编辑方法、图像化的传播手段、品牌化的经营措施和多元化的销售策略切实扩大了文学优秀读本的社会影响力，他在文学市场化生存方面的经验十分珍贵。

传媒与文学共生共荣，传媒的运作机制在很大程度上影响了文学生态。因此，赵家璧于1930年代的文学编辑成就中既有他自身个性化的文学创造力，也有社会化的集体劳动创造力，是现代出版机制赋予了他在文学传播活动中的话语权。赵家璧以职业化的身份进入文学传播的中心环节，深刻地影响了中国文学的发展进程。他以思想深邃、形式新颖、制作精良的文学读物向世人展示着中国的新文学创作力量，他用勤奋的翻译、编辑和出版的工作在新旧文学之争中为中国文学引领了现代化的发展方向。赵家璧在机械印刷时代为中国文学所做出的建设性贡献虽然已经走入历史，但依然启发着当前融媒体时代的文学传播活动及学术研究。

绪　论

　　人类的文学传播活动历经长长的历史，从来没有停止过变革的步伐。媒介技术日新月异，文学形态不断创新，学术界越来越关注文学与媒介之间的协同发展。媒介既是文学的传播渠道，也是文学建构自身的重要因素。众所周知，文学传播大体上经历了"口语媒介、文字媒介、印刷媒介、大众媒介和网络媒介"五个时期。大众媒介时代，机械化的印刷技术促进了出版业的繁荣，图书、报刊成为文学传播的重要阵地，出版业与文学几乎同时走上了现代化道路。值得注意的是，发达的大众媒介使文学编辑作为一种独立的职业应运而生。文学编辑主体作为媒介的管理者和参与者，拥有了较大的话语权，在文学发展中扮演着"把关人"和推动者的角色。在整个20世纪，文学编辑对文学发展的影响比以往任何时期都显著。他们通过有计划的文学生产将文艺作品、文艺信息和文艺思想传递给读者，他们的艺术评判标准在一定程度上引导了作家的创作方向和读者的文学消费行为，进而影响了中国现代文学的发展方向。中国现代文学的发展成就，得益于文学出版业的强大传播力，也得益于编辑家对文学的选择与组构。

　　赵家璧（1908.11—1997.3），出生于当时的松江府华亭县（今上海市松江区），是中国现代著名的编辑家、翻译家和

1

评论家，他在1930年代的文学编辑活动对中国现代文学的传播模式、历史书写和学科建构产生了深远影响。无论是从纵向的中国新文学的历史传承的角度，还是从横向的中外文学交流的角度，我们都可以看到他在传播新文学活动中的高度自觉性和使命感。他以建构中国文学的现代性为目标，在文学编辑事业上辛勤耕耘，诠释了媒体人在中国现代文学成长过程中的一种文化担当。赵家璧的影响力，是文学场内外各种力量对抗、竞争和协调的结果，是传播主体能动性与创造性的体现。当前，新媒体层出不穷，文学传播主体越发多元，剖析1930年代赵家璧的文学编辑活动，有助于我们深刻认识文学编辑主体的媒介地位和重新审视出版业对文学的塑造力，为进一步研究特定媒介形式与文学生态的共生关系提供借鉴。

第一节　论题缘起：赵家璧的文艺传播个案剖析

研究中国现代文学的传播与接受，既需要高屋建瓴地从文艺哲学的角度进行阐述，也需要脚踏实地地从个案研究的基础层面做起，不同的研究方法和研究成果相得益彰，可以帮助人们廓清芜杂的表象，揭示文艺传播的基本规律。编辑主体的文学传播功能及赵家璧在中国现代文学史上的重要地位促成了本书对赵家璧这一文学编辑主体的个案剖析。

一　编辑主体在文学建设中的崇高地位

文学编辑行为是"参与缔构社会文化的实践过程"[①]，是一种特殊的文化活动。文学编辑主体既是文学创作的参与者、

[①] 王振铎、赵运通：《编辑学原理论》，中国书籍出版社，2004，第18页。

绪 论

接受者,又是文学的编辑者、传播者。一般来说,作家对文学史的建构作用最为显著,理论界在这方面的讨论也非常集中,但是,文学编辑对文学史的贡献远没有引起研究者的足够重视。文学编辑担负着采集、加工、优化、积累和传播人类优秀文化的使命,承担着对社会进步、民族振兴和国家发展的一份责任。中国人传统观念中的"文以载道""文以化人"也表明:编辑在掌控文化传播渠道的同时,必然要承担起教化民众的社会功能。放眼古今中外人类社会的发展历史,文学编辑在变革社会、传播思想的过程中总是扮演重要角色。马克思、狄德罗、孔子、司马光、纪晓岚、梁启超、鲁迅、叶圣陶等一大批思想家,以及毛泽东、周恩来、刘少奇、邓小平等领袖人物,都做过文学编辑工作。随着印刷工业时代的到来,文学编辑实现了职业化,作家个人原生态的文学作品大多要经过文学编辑的选择和创造性的再加工才能转化为社会共享的精神文化产品,文学编辑的职业劳动是使文学创作转化为作品向社会传播的一道最关键的工序。

文学编辑主体作为现代文学生产机制中的关键环节,关系到什么样的文学作品以什么样的面貌呈现在读者面前,又产生什么样的社会效应。有学者提出:"编辑参与并导向文学创作,使之完善、定型,以便繁衍复制,将作品传递至读者手中。因此,一部文学艺术史,特别是现代文学史,如果缺乏对编辑、出版的叙述与研究,则必然是不完整、不完美的。"[①] 可见,文学编辑主体在文学建设中具有崇高的地位,在现代文学传播中发挥着重要作用。

[①] 张如法:《编辑参与了文学创造》,《河南大学学报》(社会科学版)1998年第3期。

3

韦勒克在《文学理论》一书中，将文学研究分为内部研究和外部研究。内部研究强调文学的自律性因素，外部研究强调政治、经济、时代、环境、文化等诸多外在因素，具体包括作家研究、编辑研究、文学社会学、文学心理学以及文学与其他学科的关系研究。因此，对文学编辑主体的研究应归于文学外部研究的范畴。马克思在《1844年经济学哲学手稿》里指出："宗教、家庭、国家、法、道德、科学、艺术等等，都不过是生产的一些特殊的方式，并且受生产的普遍规律的支配。"① 文学创作与文学传播也都是劳动，受一般生产规律的制约。研究文学传播主体，需要首先承认他们的主观能动性也是一种生产力，积极推动着文学生产。

"如果说每一件艺术品都是人的行为的产物，那我们一开始就必须承认，每个从事艺术创作的人是社会的一员，他无法摆脱不同层面上的社会化影响，其作品亦无法摆脱'社会性'。"② 参与文学生产的每个人，都是与社会紧密联结的一个人，已经被强制性地赋予了那个时代、那个社会的基因。赵家璧是社会性的个体，他的文化结构受到社会与时代的滋养，他又具有能动性，可以通过个性化的行动策略建构文学场及社会场。作家创作作品、媒介传播作品、读者接受作品并进行反馈，构成了文学传播的完整过程。编辑作为媒介代言人参与了这一过程，他们在大众媒体时代的影响力尤为显著。文学编辑在文学生产与传播中扮演重要角色，是社会发展的积极力量，应当引起研究者的重视。

---

① 《马克思恩格斯文集》，中共中央马克思恩格斯列宁斯大林著作编译局译，人民出版社，2009，第186页。
② 方维规：《文学社会学新编》，北京师范大学出版社，2011，第5页。

绪 论

二 赵家璧在新文学传播中的显著成就

赵家璧于1930年代初踏入文学出版界,他广泛联系作家,凭借敏锐的文学价值判断力和中立于文学流派的包容态度,出版了大量优秀的文学作品,让原本以都市杂志《良友》画报闻名的良友公司迅速在文学出版界赢得了声誉。他的代表性成果有《一角丛书》《良友文学丛书》《大系》《良友文库》等。特别是《大系》,对五四新文学的第一个十年进行了盘点,显示出他在图书策划、文献整理方面的才华和文学史家的襟怀,奠定了中国现代文学的学术框架。舒乙评价说:"称家璧先生为'中国现代文学的第一专业编辑家',恐怕,一点也不为过。他配!"[①]虽然赵家璧是以文学编辑家立身显名的,但是他在文学批评和文学翻译方面的成就同样值得关注。他所撰述的《新传统》和翻译的《今日欧美小说之动向》具有扎实的文学理论根基,最能体现他在外国文学评介方面的贡献。他所输入的外国文学理论和外国文学作品为刚刚起步的中国新文学提供了参考的对象。并且,他向国人指出一个客观事实,即中国文学的革命符合世界文学革命的大趋势,从而强化了新文学事业的合法性地位。赵家璧的文学传播活动,体现出他探索中国文学现代化发展道路的切实努力,他为中国现代文学史留下了经典读本、确立了发展方向。姜德明评价说:"讲中国现代文学史和出版史,都无法避开他的名字和事业。"[②]这是对他文化影响力的客观评价。

[①] 舒乙:《他有两个高峰——纪念赵家璧》,载上海鲁迅纪念馆、上海文艺出版社主编《赵家璧先生纪念集》,上海文艺出版社,1998,第194页。
[②] 姜德明:《忆家璧先生》,《博览群书》1997年第7期。

赵家璧是中国现代文学传播史上值得深入研究的人物。第一，他是中国文学编辑职业化的先行者。从孔子删定《诗经》算起，中国的文学编辑活动已经有约两千年的历史，但是直到20世纪出版技术成熟、大众媒介兴起以及出版业公司化运作之后，文学编辑的职业化才成为可能。受生产力水平的限制，古代文学作品的传播媒介十分驳杂：除了书肆批量手抄或印刷外，还有口头流传、人际传抄、刻石题壁等许多方式。文学编辑的职业在古代可有可无，并非必要的。近代以来，从事文学编辑工作的虽说不乏其人，却都不是专职的。有些是政治家、作家、教师、商人等兼职来做文学编辑，例如：梁启超、陈独秀以政治家身份出书办报，文学题材只是其中很小的部分；孙伏园、茅盾、巴金等以作家身份从事文学编辑工作；鲁迅、叶圣陶则以教师身份兼职做文学编辑。有些是一个人同时编辑文学类图书和自然科学、政治、经济等非文学类图书，商务印书馆和中华书局的编辑们很多是这种情形。赵家璧受邀加入良友公司后，总经理伍联德专门开设一个文艺图书部，指定由赵家璧一人负责。赵家璧文学编辑的职业生涯就此开启，同时开创了中国文学编辑职业化的先河。

第二，赵家璧编辑的许多文学图书的初衷在于建设本国的现代文学体系，它们得到广泛的流传，已经被公认为中国现代文学史上的重要文献。《一角丛书》和《良友文学丛书》中有不少是作家的处女作或代表作的初版本，它们是深入研究作家创作背景与风格形成的珍贵资料。此外，赵家璧组织策划的《大系》由名家联手，体例完备，系统地总结和保存了我国新文学运动第一个十年的业绩。《大系》按照体例分为10册，分别是：胡适编选的《建设理论集》，郑振铎编选的《文学论争集》,茅盾编选的《小说一集》,鲁迅编选的《小说二集》,郑伯奇编选的《小说三集》,周作人编选的《散文一集》,郁达夫编选的《散文二集》,朱自清编选的《诗集》,洪深编选的《戏剧集》和阿英编选的《史料·索引》。在相当长时期内,中国现代文学史的书写者都借鉴了《大系》的这种思路。中国现代文学史研究专家温儒敏先生认为:"后来几十年关于新文学发生史与草创阶段历史的描述,离不开《大系》所划定的大概框架。"①《大系》具有在特殊历史背景下重新强调五四文学传统的意义,超出了一般意义上的文学资料汇集和整理范畴,深刻地影响了中国新文学的学术研究范式,是五四新文学产生以来影响最为深远的一部文学类的系统性选集。

第三,赵家璧编辑译介的外国文学作品,示范带动了中国现代文学的变革。赵家璧具有外国文学的教育背景,学术视野十分宽广。他编辑、评论、翻译了大量外国文学作品,从内容到体裁全面启发中国的新文学,他还常常学习外国文艺的出版手段,从而改善中国文学的传播方法。他译介的作品数量众多,风格各异,涉及美国、俄国、法国、瑞典、德国、希腊等多个国家,这些作品以小说为主,兼及戏剧、儿童科普、文学理论和传记。赵家璧在《新传统》一书中以美国小说的成长为线索,依次介绍了美国的海敏威(海明威)、福尔格奈(福克纳)、杜司·帕索斯(多斯·帕索斯)②等9位现代作家。赵家璧通过上述作家的文学成就来论证美国文学脱离英国文学而自立的精神,并以此鼓舞中国新文学的建设者。《今日欧美

---

① 温儒敏:《论〈中国新文学大系〉的学科史价值》,《文学评论》2001年第3期。

② 说明:《新传统》一书中对作家的译名与当前通行译名不一致,括号内为当前通行译法,括号外是书中译法。

小说之动向》是赵家璧翻译的9篇评论文章，分别介绍欧洲各国文坛的流派、发展趋势及重要作家、作品，是外国文学的基础性读本。这些作品中所反映的外国文学革命的经验为中国方兴未艾的文学革命打开一扇窗户，输入了新鲜的空气，时至今日依然有许多读者从中受益。赵家璧吸收国外的丛书样式和版画手法，丰富了文艺图书的装帧设计，推动了进步文学的普及性传播。

进入20世纪之后，随着现代出版业的兴起，在文学的传播方式中，大众传播取代原来的人际传播、组织传播，成为主流的传播方式，呈现机械印刷时代特有的风貌。赵家璧是中国现代出版业、传媒业成就极大、代表性极强的一位人物，正如传记作家施晓燕所描述的那样："他的一生横跨清朝、民国、中华人民共和国等不同时期，在文化上又身临东西方文化冲撞和价值观的大转变，他个人的经历可以折射出整个20世纪中国社会的一个剖面。"[①] 就像一滴水有助于勘察特定系统的水文生态一样，对赵家璧的文学编辑活动进行研究，可以让人们更为深刻地了解中国特定历史阶段的文化状况和媒介生态。

三 赵家璧于1930年代的文学传播活动的特殊意义

赵家璧一生浮沉，他的文学编辑活动也时有断续。相对而言，他在1930年代的文学传播活动成就最为显著，意义也最为重大。虽然任何一个人的思想发展与实践活动都具有连续性，不能被简单分隔，但是我们出于描述和分析的便利，姑且根据他编辑从业经历的变迁，大致划分出他一生的四个阶段（参见附录表1）：

[①] 施晓燕：《赵家璧画传》，上海人民美术出版社，2008，第185页。

绪　论

　　第一个阶段：1926—1928年，在文艺编辑职业生涯开始之前，赵家璧参与中学的校刊编辑工作，并尝试进行文学翻译和文学评论。第二个阶段：1929—1938年，作为专职的编辑出版人，赵家璧在民营出版机构良友公司从事文艺编辑工作。出版成果以文学图书为主，文学生产力十分旺盛，其间完成的《大系》《良友文学丛书》《良友文库》等文学丛书都获得很高的社会评价。第三个阶段：1939—1954年初，受战争影响，赵家璧辗转于桂林、重庆、上海等地，艰难经营良友复兴图书公司、晨光出版公司。出版成果中的文学图书所占比例下降，文化生产力和创新力明显下降。第四个阶段：1954年上半年—1997年初，中华人民共和国成立后实行出版业公私合营，赵家璧先后进入上海人民美术出版社和上海文艺出版社，致力于社会主义建设时期的文艺出版事业。

　　通过比较上述四个阶段，我们可以明显看到，1930年代是赵家璧文学编辑生涯的起点，也是其文学传播事业的高峰，具有非常典型的标本意义。其标本意义主要体现在以下几个方面。

　　其一，典型的时代特征：赵家璧在这一阶段的文学编辑活动与中国现代文学的"第二个十年"基本同步，在现代文学三十年中承上而启下。从出版史角度来看，1928—1937年堪称"民国出版业的黄金十年"[①]：大书局继续扩大规模，中小书局更迭频繁，书刊出版数量逐年攀升，到抗战前夕达到了历史的最高峰，其中不少出版物质量上乘，成为后世书业的典范。赵家璧等编辑家促进了1930年代文学与出版业的共同繁荣。

　　其二，典型的空间特征：赵家璧在这一阶段的文学编辑活

---

① 吴永贵：《民国出版史》，福建人民出版社，2011，第54页。

9

动集中在新兴的国际大都市上海。经过近代出版业的积累，上海在1930年代已经成为中国的出版中心，各种文学风格在这里实现了大交汇。上海特有的租界文化、都市风尚、商业氛围浸润着每一个文化人，也影响着文艺生产的格调和模式。赵家璧在1930年代的文学编辑活动，反映了海派文化对中国现代文学的影响。

其三，典型的作家群景观：1930年代，在赵家璧周围聚集着许多彪炳史册的大作家，如胡适、鲁迅、施蛰存、胡愈之、徐志摩、茅盾、巴金、郑振铎、周作人、朱光潜、冰心、叶圣陶、张天翼、沈从文、郑伯奇、王统照……1930年代初，受政治时局的影响，许多作家纷纷来到上海寻求庇护，从而形成作家齐聚沪上的景观。他们大多同时进行文学创作、文学翻译和文学出版，是赵家璧在文学编辑工作中所倚重的精英力量。赵家璧与作家的密切联系与广泛合作，反映出"五四"以来中国知识分子联合媒介力量共同建设新文学的群体特征。此后，作家们主动或被动地追随不同的政治理想而分道扬镳，精英作家齐聚上海的文坛景观一去不返。赵家璧在1930年代的文学编辑活动间接反映了这段短暂的文学历史，人们也能从中解读出当时中国文学生产力的总体水平。

20世纪的上半叶，中国社会总体上动荡不安，而赵家璧在1930年代的文学编辑环境相对稳定，文学生产力非常旺盛。此后，战事频繁，时局艰难，良友公司破产，赵家璧颠沛流离，稳定的文化环境和文人圈子随之瓦解，他再也没有恢复到于1930年代的文学生产力。中华人民共和国成立之后，赵家璧积极投身国家的文化建设，出版的成果大多数是计划经济和国家意志下集体劳动的成果。赵家璧组织编纂的《大系》，开创了中国现代文学十年断代的传统。研究赵家璧于 1930 年代的文学编辑活动及其影响，是文艺传播学的个案解析，其更深远的意义在于探讨在特定传媒机制下，中国现代文学的传播模式和发展轨迹。

第二节 文献综述、研究方法

现代学科的精细划分并未阻碍学术的跨界研究，相反，各学科体系的成熟发展为跨学科研究提供了充分的学理和史料支撑。文学场是由无数个体所产生的合力建构而成的，但在某些关键阶段，个体的行动策略能够产生较为深远的历史影响。在以往的赵家璧研究中，学者普遍对由赵家璧组织编纂的《大系》的学科史影响及赵家璧个人的编辑思想、编辑出版成就较为关注。本书试图从文艺传播学的角度论述赵家璧在督促文学生产、维护文学秩序、积累文学经典方面的贡献。

一 文献综述：赵家璧研究现状

赵家璧这样评价自己："三十年代大学毕业，正式踏入社会，一边当文艺编辑……一边由于自己读的是外国文学，所以曾在这方面从事研究、翻译、写评论介绍文章等工作；但我略有自知之明，没有写作才能，当不了作家，因此一直甘心情愿、默默地为他人作嫁衣裳。"[1] 赵家璧虽然不是专业作家，但他的编辑、翻译、评论和研究工作都围绕文学而展开，他对文学的影响力甚至超出了许多知名作家。长期以来，对赵家璧的研究多停留在对他编辑经验和编辑思想的总结上，却没有全

---

[1] 赵家璧：《〈回顾与展望〉前言》，《编辑之友》1986 年第 1 期。

面地探讨他对中国现代文学的贡献及影响。

赵家璧把继承和发扬"五四"以来新文学的传统当成最紧要的目标,为中国文学开拓着现代化的路径。作为大众媒介时代的"把关人",他调节着文学供需双方的艺术评判标准,塑造着时代的文学审美趣味,树立了中国现代文学的经典作品。五四文学革命之初,从外国文学中汲取营养就成为中国建设新文学的必要手段。赵家璧承袭了这一做法,通过编辑、翻译、评论等方式向中国文坛输入了一大批优秀的外国作品,为中国提供了现代作品的范本和文学建设的理论。"良友丛书、文学大系、中国画库,毕生在书海扬帆,心血传世,已成珍璧;编辑通材、出版英俊、著译圣手,全力为文苑添彩,风范照人,堪称大家。"① 这副挽联恰当总结了赵家璧毕生的文化成就。从更为宏观的角度来看,他致力于传播中外作品和作家,努力描绘他理想中的民族现代文学蓝图。

目前有助于对赵家璧开展研究的文献可分为两类,一类是赵家璧本人创作完成的文字资料,另一类是他人对赵家璧的论述。

赵家璧本人创作完成的文字资料内容较为复杂。赵家璧一生编辑出版的图书有1000多种,按照现代出版业的惯例,他作为出版负责人要撰写相应的前言、后记、按语,向读者介绍作家情况、作品源起或内容提要,这些文字反映了赵家璧的编选原则和思想导向,他也时常会交代作品的创作、出版背景。赵家璧在20世纪80年代以后,自觉地撰写了大量文字来对他的编辑出版生涯进行回顾与反思,这些文字发表于各类报刊。

---

① 《挽联选》,载上海鲁迅纪念馆、上海文艺出版社主编《赵家璧先生纪念集》,上海文艺出版社,1998,第269页。

一部分文字被结集成书,有《编辑忆旧》《回顾与展望》《书比人长寿——编辑忆旧集外集》《文坛故旧录》《编辑生涯忆鲁迅》等,留下了关于现代文学传播史的珍贵文献。虽然他有40多年的生命可被划入当代阶段,但上述著作中有关1930年代与1940年代的内容占据了大半篇幅。这表明,在赵家璧的自我评价中,那段历史是他文学编辑活动中最富个性、最有成就的时期,这也是赵家璧被称作"中国现代著名编辑家"[①]的重要依据。此外,他向国内读者推荐了许多外国的优秀文学作品,这些作品以译作和文艺评论的形式被发表于《现代》《译文》等期刊上,这是中国文学译介史上的重要成果,体现着赵家璧借外国文学启发中国文学的理念。2008年,上海鲁迅纪念馆组织整理《赵家璧文集》五卷本刊行,对赵家璧的本人著述做了最大规模的汇编。前四卷汇集了赵家璧的文学评论、文学翻译等文稿,第五卷汇集了赵家璧致亲友的书信,这些有助于深入了解赵家璧的人际交往、私人情感和文化人格。上述这类文献全部是由赵家璧本人创作完成的。

由他人撰述完成的关于赵家璧的文献可分为两种情况,一部分是学术性质的论文,一部分是非学术性质的著述。学术论文中有硕士论文4篇,分别是南京大学张志强的《论赵家璧》(1993年)、河南大学刘晓哲的《赵家璧选题策划思想研究》(2011年)、河北大学边祎明的《赵家璧出版思想研究》(2013年)、湖南师范大学刘洋的《赵家璧的编辑出版实践与思想研究》(2015年)。有相关期刊论文近百篇,大多立足于编辑出

[①] 丁景唐:《中国现代著名编辑家编辑生涯》,中国展望出版社,1990,书名页。该书介绍了五四以来我国的31位著名的编辑家,赵家璧是其中之一。

版学。张志强、李频、赵敬立等学者以作者意识、选题理念、图书宣传思想、职业道德等为子课题，探讨了赵家璧在编辑出版业务中所具有的开创性思维。上述论文着眼于用赵家璧的编辑经验和编辑思想启发当前的编辑出版工作。在探讨赵家璧与文学关系的论文中，徐婉洁的《赵家璧在桂林抗战文化城的翻译研究》[1]和姚君伟的《赵家璧与美国文学在中国的出版和译介》[2]带动了理论界对赵家璧文学译介成就的关注。虽然涉及赵家璧与文学之间关系的论著十分有限，但仍然有几篇论文关注到了赵家璧对中国现代文学体系建构的意义。它们大多以赵家璧所组织编纂的《大系》为切入点，如温儒敏的《论〈中国新文学大系〉的学科史价值》[3]和邱焕星的《〈中国新文学大系（1917—1927）〉对现代文学历史的重构》[4]，张典的《赵家璧与新文学运动》[5]则从文艺传播学的宏观角度阐述了赵家璧对新文学的贡献。还有一些由他人撰述完成的非学术性质的文献，如中国出版集团策划的"女儿眼中的名人父亲"系列丛书之一《他与书同寿·赵家璧》，国家出版基金项目"中国出版家丛书"之一《中国出版家·赵家璧》，还有《赵家璧画传》《赵家璧与现代文学丛书》《赵家璧先生纪念集》

---

[1] 徐婉洁：《赵家璧在桂林抗战文化城的翻译研究》，《湖北经济学院学报》（人文社会科学版）2015年第3期。
[2] 姚君伟：《赵家璧与美国文学在中国的出版和译介》，《新文学史料》2011年第1期。
[3] 温儒敏：《论〈中国新文学大系〉的学科史价值》，《文学评论》2001年第3期。
[4] 邱焕星：《〈中国新文学大系（1917—1927）〉对现代文学历史的重构》，《菏泽学院学报》2008年第6期。
[5] 张典：《赵家璧与新文学运动》，《编辑之友》2001年第4期。

绪 论

等，上述文献有述有评，各有侧重。较为遗憾的是，它们大多为普及性读物，感性叙述有余而理性思考不足，缺乏从学术视角对赵家璧文艺传播事业的深刻剖析。

文化研究的思潮促使中国的理论界更加重视文学的外部研究，而文学编辑批评是文学外部研究中极具潜力的学术富矿。早在2007年，学者黄发有就指出："在我国，编辑研究和批评是一个人迹罕至的领域，除了一些圈内人士的印象记和回忆文章，较为深入的研究论文难得一见，激浊扬清的批评文章更是凤毛麟角。"① 对赵家璧的研究既是在文艺传播学中对传播主体的具体分析，也是从编辑出版史的角度，对现代出版场域的审视。赵家璧逝世至今已有20多年，有关赵家璧的学术研究专著尚未出现。编辑出版学界对赵家璧研究的成果较为集中，在文学理论界，和赵家璧有关的论题大多集中在《大系》一书的文学批评史价值上，缺乏对赵家璧现代文学编辑成就的全面阐述。尽管如此，上述文献依然有其学术价值，它们为本书从文艺传播学角度继续开展研究、全面论述赵家璧的文学史影响提供了重要的参考。

二 研究方法

为了对编辑主体的传播学影响进行阐述，本书将采用个案研究法、文献研究法、定性研究法和跨学科研究法进行研究。个案研究所选取的研究对象是个别性与独特性的统一，需要回溯特定历史阶段的情境和现象。但赵家璧个案并不孤立，它与现代文学的作家群体与编辑群体相联系，是融于整体的个体，本书主要通过赵家璧揭示现代文学传播中具有一般意义的规

---

① 黄发有：《文学编辑与文学生态》，《当代作家评论》2007年第3期。

律。赵家璧是现代文化名人，相关的时代背景、事件始末、人际交往必须从研究文献中搜求查实。本书的重点在于剖析赵家璧文学编辑活动与中国现代文学发展之间的逻辑联系，尤其是赵家璧对中国现代文学现代性的影响力，这就需要用定性的研究方法揭示事物表象掩盖下的本质与规律，探究赵家璧文学传播活动的实际效果。本书在各个分论点中涉及多种学科的交叉，文艺学、中国现代文学、传播学和编辑出版学是贯穿论文始终的学科视角，在个别章节还将涉及社会学、翻译学、营销学等方面的理论。

本书将结合编辑出版学与中国现代文学的研究现状和成果，主要从文艺传播学的学术视角探讨编辑主体对文学发展的影响力。近年来，媒介与文学之间的互动逐渐成为学术热点，而对编辑这一媒介传播流程核心人物的研究尚显不足。尽管编辑出版学、新闻学、传播学领域不乏这样的研究成果，但它们的结论大多指向编辑的媒介功能，而极少论及其与文学发展之间的关系。古代文献的整理大多由官方机构组织完成，与之相比，赵家璧等现代职业编辑在选题决策方面拥有了较大的自主性，选题往往透露出编辑个体独特的文化修养和知识结构。但我们还应注意到，编辑个性化的发挥受到政治、经济等力量的规约，因此，现代编辑在文化建设中不能一意孤行，而要与时代的发展需要保持一致。具体到赵家璧来说，他广交作家朋友、热衷译介外国文学、在市场化环境中提高文学图书的发行量等做法虽然极具个性化色彩，却也彰显着他作为知识分子和文化建设者的社会责任。我们探讨的不是赵家璧在编辑、翻译、评论等方面具体文化行为的技巧，而是探讨编辑个体与文学这一社会共享精神财富之间的关联性，赵家璧的所有文学传

绪　论

播行为指向的是那一代知识分子宏伟的文化理想——建构中国文学的现代性。本书将探析赵家璧与现代作家群体的社会交往及其在文学建设中的意义，还将探析赵家璧对编辑和翻译外国文学作品的贡献，尤其是他在美国文学研究方面的开创之功。

第一章
1930年代文学场中的赵家璧

　　场域理论有助于我们对赵家璧在1930年代的文学编辑活动进行描述与分析。法国当代学者布尔迪厄在对黑格尔的辩证法、现象学和结构主义等思想进行批判继承的基础上形成了一个关系性的、建构性的结构主义实践理论体系，即场域理论。布尔迪厄认为："人类社会是由社会结构和心态结构组成的，生活在社会空间中的行动者是由特定的社会关系网络来确定其社会位置的；行动者凭借各自拥有的特定资本和特定惯习，在一定的社会场域中生活，在一定的社会制约条件的环境和结构中，不断地同时创造和建构自身以及生活在其中的社会。"[①] "文学场"就是社会场域中的一个小小世界。在布尔迪厄眼里，文学场就是"一个遵循自身的运行和变化法则的空间"[②]，体现了各种位置间的客观关系结构，为合法性而竞争的个体或集团占据这些位置。这些个体或集团包括由文学杂志、出版社、编辑、出版商、赞助人等组成的文学生产机构，由批评

[①] 宫留记：《布尔迪厄的社会实践理论》，河南大学出版社，2009，第10页。
[②] 〔法〕皮埃尔·布尔迪厄：《艺术的法则——文学场的生成与结构》，刘晖译，中央编译出版社，2011，第191页。

者、文学史写作者、评奖委员会、学院、沙龙、社团等组成的文学价值认定机构，以及文学的原初生产者——作家。上述个体或集团，以及集团中的成员都是场域中的行动者。文学的发展尽管受到诸多场外因素的制约，但是，文学场的行动者始终相信：文学实践所依据的应该是文学自身的逻辑，而不应该受到政治、经济等其他社会场域逻辑的影响与支配，文学性即"文学的自主性"，是文学生产的最高法则。行动者为追求文学场的自主性而采取的系列措施被称作"行动者策略"。

赵家璧在进入1930年代的文学场之前，已经从家庭教育、学校教育和社会实践中积累了一定的文化资本，这是他投身文学出版行业的动力。当中国的封建社会结束，科举选拔人才的机制也随之瓦解，摒弃旧学、接受新学成为当时颇具先锋色彩的做法。赵家璧的家乡紧邻上海，这使他很早就有机会接触新文化和现代出版业。他所任职的良友公司，在当时激烈的书业竞争中，不以规模取胜，凭借《良友》画报等杂志引领了中国都市休闲类杂志的潮流。良友公司给予赵家璧较多的决策权，这是赵家璧个体创造性得以充分发挥的重要前提。

政治、商业对1930年代的文学场进行了全面渗透，文学自主性在夹缝中艰难求生。赵家璧联合新文学的创作力量，把优秀的文学读物奉献给社会，向世人展示新文学的勃勃生机，让那些对新文学持观望、犹疑甚至敌对态度的人们扭转观念。不仅如此，赵家璧还注重编辑选本，全面建设中国现代文学的学科体系。赵家璧进步的文艺编辑思想是他事业成功的保证，是值得分享的宝贵精神财富。赵家璧的诸多行动策略取得了预想的效果，他在1930年代的文学编辑事业取得了为人称道的成就，推动了中国现代文学的生产与传播。

第一节 1930年代的文学场

文学场虽然具有自身的运行法则，但是它在整个社会中居于被支配地位，归根结底，文学场要受到政治、经济等因素的制约，布尔迪厄在《艺术的法则——文学场的生成与结构》一书中描述过这种情形[1]。1930年代，随着左翼文学的兴起，中国的文学生产既受到政治权力的干预，也受到商业观念的浸染，并且，特殊的历史背景导致当时文艺观念和派别纷繁不一，这是当时客观存在的文学生态，赵家璧无从躲避。因此，他的文学编辑行为受制于许多文学本身之外的因素，他对文学自主性的追求往往伴随他与政治、经济、社会等文学场场外力量的对抗、周旋和妥协。赵家璧虽然不能只身一人力挽狂澜，但他也没有随波逐流，而是始终坚持传播进步文艺的信念。在进步文艺受到政治势力压制时，赵家璧竭尽全力为其争取生存空间，在文学出版业受到商业观念浸染、庸俗读物大行其道时，赵家璧考虑的却是优秀文学产品的推广，在各种文学流派相互攻讦、争执不下时，赵家璧高瞻远瞩，以兼容并包的胸怀将这些文学流派一一载入文学史，建构起新文学的宏大格局。

一 政治权力介入

文学与政治总是相互作用的，文学的发展必定会受到政治环境的影响，文学题材也往往反映着一定的政治现实，而文学

---

[1] 〔法〕皮埃尔·布尔迪厄：《艺术的法则——文学场的生成与结构》，刘晖译，中央编译出版社，2011，第89页。

作品又能通过艺术化的人物形象和文学语言服务于政治，促进政治领域的变革。在1930年代，文学派别之间的竞争常常渗入了政治势力的相互对抗，政治与文学的关系突出表现为政治权力介入文学生产和传播。学者朱晓进说："谈三十年代的文学，首先有必要对三十年代政治文化语境及与之相适应的文学氛围进行考察。离开了这种语境和氛围，三十年代许多文学现象将难以获得合理的解释。"[1]

在文学史意义上的"三十年代"，是以国共合作破裂、国民党一党独裁为开端的，大致在1927年至1937年，这一时期国民党政府的查禁政策十分严苛，不仅查禁范围广、数量大，而且查禁密度大，手段卑劣。被查禁的文学作品品种极多，各种文体都有涉及，即使是《拉丁化概论》《拉丁化读本》这种纯粹学术理论的书刊，也被罗织上"鼓吹阶级斗争，提倡拉丁化文字"的罪名予以查禁。被查禁的作家范围颇广，除左翼作家外，新感觉派作家、通俗作家、自由派作家都有被查禁的案例。被查禁的书刊数量巨大，据统计，仅1927至1937年被查禁的各类文学书籍、刊物776种，电影134种，共计910种，如果再加上非文学类书、报、刊、剧本等，数量更为庞大，现在已经无法全部统计[2]。国民党政府的查禁手段包括检查、审查、查禁、扣押、拘捕、审判、警告、恐吓，甚至是暗杀，无所不用其极，鲁迅先生所言"几条杂感，就可以送命"[3]，实在

---

[1] 朱晓进：《政治文化与中国二十世纪三十年代文学》，人民出版社，2006，第14页。

[2] 吴效刚：《民国时期查禁文学史论》，中国社会科学出版社，2013，第61页。

[3] 鲁迅：《而已集·答有恒先生》，《鲁迅全集》（大字线装本）第5卷，人民文学出版社，2014，第197页。

不是虚夸。1931年，上海的出版业开始受到反革命文化"围剿"的冲击，赵家璧见证了当时书业的萧条景象："四马路上进步的中小书店，有遭封闭的，有自动停业的；能维持下去的，对出版进步书刊也等待观望。官办的书店门可罗雀，刊物印了没有读者。"① 国民党政府的查禁行为对出版业造成了极大的破坏，鲁迅评论道："而情形如此者，一则由于文氓借此作威作福，二则书店怕事，有事不如无事，所以索性不发卖了。去年书店，不折本的，只有二三家。"②

赵家璧的文学编辑活动贯穿着与反动政治势力的较量。最初，良友公司以出版都市风尚类读物为主，政治立场较为中立而得以安然度日，"如世外桃源，什么政治风浪都吹打不到它"③。赵家璧加入良友公司以后，受到鲁迅和郑伯奇等左翼作家的影响，开始大量出版左翼作家作品，引领读者关注进步文艺，这一行为导致的后果就是"一向平安无事的良友公司也开始引起国民党特务机关的注意了"④。引起鲁迅极大愤慨的一个事件就是：良友公司的门市部忽然有一天被人用大铁锤砸破了玻璃窗，并被警告不许再出版"赤色作家"文字。后经证实，这是"影界铲共同志会"在蓄意破坏。不仅如此，国民党政府又罗织罪名，针对具体作品进行查禁，他们把《一角丛书》中丁玲的《法网》、郑伯奇的《宽城子大将》和阿英的《创作与生活》冠以"普罗文学"、"鼓吹阶级斗争"和"普罗文艺

---

① 赵家璧：《我编的第一部成套书——〈一角丛书〉》，上海鲁迅纪念馆编《赵家璧文集》第1卷，上海文艺出版社，2008，第175页。
② 赵家璧：《编辑忆旧》，生活·读书·新知三联书店，2008，第38页。
③ 赵家璧：《我编的第一部成套书——〈一角丛书〉》，上海鲁迅纪念馆编《赵家璧文集》第1卷，上海文艺出版社，2008，第175页。
④ 赵家璧：《鲁迅为〈良友文学丛书〉开了路》，上海鲁迅纪念馆编《赵家璧文集》第1卷，上海文艺出版社，2008，第201页。

理论"的罪名而加以查禁。还把《良友文学丛书》中鲁迅的两部译作《竖琴》《一天的工作》，丁玲的《母亲》和张天翼的《一年》予以查禁。赵家璧并没有坐以待毙，而是据理力争，想方设法突破封锁线。他召集召开编辑部会议，和同事们一同仔细检查，发现图书内容并没有什么问题，便向当局申述理由，要求开禁。在赵家璧的努力下，良友的这几种图书最终恢复发行。当赵家璧把《大系》的编选者名单送交审查会时，主审官对郭沫若和鲁迅的名字表现出极大的反感。赵家璧拼尽全力周旋，力图保留原有的编选者名单，甚至以出高额稿酬出版主审官的书稿作为交换条件，最终使鲁迅继续被留在《大系》编选者名单中。赵家璧为出版进步书刊、传播进步文艺采取了许多灵活的措施，付出了许多艰苦的努力。唯其艰难，才更显勇毅；唯其笃行，才弥足珍贵。

总之，面对反动政治权力对文学出版业的压制，赵家璧有勇有谋，采取了迂回曲折的策略。赵家璧的这些努力，表面看是对专制政治势力的妥协，实则是在一定手段的掩护下对蛮横查禁者的对抗与反拨。赵家璧在进步文艺与反动政治势力的较量中积累了斗争经验，成为艰难时期文学建设的中流砥柱，显示出现代知识分子不惧强权、倡导正义、坚持真理的高尚品格。

二　商业观念浸染

商业观念的浸染，是中国现代文学区别于传统文学的显著特征，是其现代性的一个重要方面。都市文化的兴起、社会经济的繁荣和出版手段的现代化，形成了规模庞大的文学供求市场，文学作品具备了商业价值。于是，在1930年代的社会化文学生产活动中，作家"为艺术而艺术"的崇高理想已经成为过去，龚自珍原本颇具嘲讽意味的"著书都为稻粱谋"[1]成为作家不再回避的创作动机。在浓厚的商业化氛围中，知识分子与出版实业建立起密切的联系，文化资本与商业资本携手共进，摸索出一套互利共赢的文学出版机制。赵家璧的职业角色处在艺术生产与文化产品生产的核心位置，这就要求他必须能够妥善处理艺术性与商业性之间的辩证关系。

19世纪晚期，现代机械印刷技术的广泛应用给传统的文学生产带来了先进的生产力，同时带来了更多的商业气息，生产方式与文学观念都发生了巨大变化。学者袁进说："由西方输入的机器印刷和书、报、刊的资本主义商业性经营方式，改变了传统文本的制作及传播方式，大大降低了成本，加快了传播速度，促进了文化的普及，士大夫阶层的解体，促使近代社会文化发生变化，从而也促使中国的文学观念发生变革。"[2]在几千年的文学传统中，"诗言志"的观念被普遍接受，文学创作一直是文人抒发胸臆、表达情感、寄寓思想的重要手段。并且，古代的士大夫大多是在闲适超脱的状态下进行文学创作、表达个人的政治抱负和人生理想的，他们的写作并不以广泛传播和公众接受为目标，更不是为了赚取润笔费。但是，在现代文学生产体制中，文学对出版的依赖程度显著提高，出版是使文学原始文本走向读者、被当作"作品"欣赏和接受的首要手段。在文学生产社会化和大众化的大背景下，文学的价值不再限于自娱自乐，而增加了赚取商业利润、促进社会思想

---

[1] （清）龚自珍：《龚自珍全集》，上海人民出版社，1975，第471页。

[2] 袁进：《中国文学观念的近代变革》，上海社会科学院出版社，1996，第29页。

变革的功能。文学创作的目标更加明确：制作成图书产品投放市场，让广大读者产生消费行为，进而使作品对社会思想产生潜移默化的影响。

现代文学出版业吸引了大批人才，商业观念的普及也带动了中国稿酬制度和版权制度的成熟。20世纪初的社会变革使传统文人谋求科举之路的愿望破灭，于是他们纷纷投身编辑、写作、翻译等文化出版活动，这既能发挥他们的知识优势，又不失为一个现实可行的生计选择，甚至出版成为一部分人实现理想、施展抱负的事业，张元济"昌明教育平生愿，故向书林努力来"[1]的感慨代表了当时知识分子投身文化事业的典型心态。现代出版企业大多由开明士绅创办，他们往往持有与传统"济世"观念不同的价值观。他们认为，智力劳动成果虽然无形，却可以创造财富，智力劳动者应该得到相应的报酬。再加之机械化设备的成本高昂，出版商只有从智力商品中获得利润，才能消化设备成本。因此，在现代出版环境中，商业理念得到人们的极大认同，人们更加注重版权保护，稿酬制度和版权制度日益成熟。

稿酬制度是文学商品化的一种集中体现，深刻反映出商业力量对文学风气的影响，一部分作家自觉调整文学格调，使之适应市场需要。稿酬刺激了作家的创作欲望，使文学生产更加活跃；它作为一种额外的经济来源改善了作家的生存条件；稿酬水平反映了作品的市场地位，潜移默化地影响着作家的创作心态和创作风格。成熟的稿酬制度为作家的职业化提供了条件。进入民国以后，写作不仅可以谋生，而且成为令人羡慕的时髦职业，还有人专门开办写作培训班培养创作者。

---

[1] 章宏伟：《出版文化史论》，华文出版社，2002，第471页。

商业化的文学出版绕不开市场规律，保证获利才能保证生存，才能保证文化传播活动持续有效开展。鲁迅曾尖锐地批评道："出版家虽然大抵是'传播文化'的，而'折本'却是'传播文化'的致命伤。"[1] 面对这样的市场化压力，文学的生产者不得不艰难地在艺术品位和经济效益之间寻求平衡点，既要保持艺术家的尊严，又要兼顾读者的需要；既要保证作品产出利润，也要保证作品的艺术水准。"中国的出版商有两副根本面目——理想的一面和商业的一面，一家出版商的名声在很大程度上取决于对二者的平衡。"[2] 赵家璧是有文化追求的出版商，兼顾艺术性与商业性是文学在现代社会中取得良好传播效果的前提。

赵家璧从早期的文学编辑实践中就培养了强烈的市场意识，认识到了成本、市场对文学书刊经营造成的压力。他在主持校刊编辑工作期间，不仅对文化、文学有较高的鉴赏力，也对书刊市场有敏锐的洞察力和适应力。为了拓展《晨曦》的发行范围和提高其社会影响，赵家璧采取了多种措施：在刊物上登载广告来补贴成本；发动同学宣传刊物，到图书馆、书店等处推销刊物，向亲友宣传刊物；征求海内外代理处。进入良友公司之后，他精心策划的《一角丛书》和《良友文学丛书》都在图书成本上做到了精打细算，尽量压低书价，薄利多销，扩大读者群。赵家璧注意到，商业利益与读者的接受并不矛盾，要时常研究读者的阅读需要，对市场有充分的调查。并且，对商业利益的合理追求也未必要牺牲文学的艺术价值，文

---

[1] 鲁迅：《〈译文〉复刊词》，《鲁迅全集》第6卷，人民文学出版社，1981，第491页。
[2] 〔美〕芮哲非：《谷腾堡在上海：中国印刷资本业的发展（1876—1937）》，张志强等译，商务印书馆，2014，第10页。

学编辑应该灵活运用市场法则引导读者养成文学的高级趣味。当《一角丛书》受战事影响而滞销时，他及时转变选题方向，出版了与政治局势密切相关的《沈阳事件》《东北事件之国际观》等，挽回了读者。尽管追求商业利益是出版机构无法回避的生存问题，但赵家璧依然保证了所编图书的艺术水准和时代气息，并非唯利是图，这是最难能可贵的。

中国新文学的"新"包含它在成长期所经历的商业化环境之"新"，商业化倾向是中国文学现代性的表征之一。它促使1930年代的作家们不再端坐于象牙塔内做逍遥诗人，而是必须回归最淳朴本真的现实生活，这在一定程度上提升了文学创作者和编辑者的读者意识和市场观念，扩大了文学的传播范围，更有利于文学社会功能的发挥。

三 文艺观念论争

受到西方文学思潮和国内政治势力的影响，在五四文学革命发生之后，不同的团体纷纷提出各自的文学主张，文坛流派众多，文艺观念论争十分激烈。1930年代，中国在选择文学发展之路时陷入犹疑、彷徨之中，各文学流派间竞争与论战的实质是对文学场内话语权的争夺。

当时，政治在社会生活中的分量增加了，复杂的政治形势不可避免地影响到了文学的面貌，政治立场成为创作者无法回避的标签，1930年代的文学作品中常常传达出鲜明的政治意识形态。正如有研究者指出的那样："由于三十年代各文学派别的文学观念，在某种意义上可以说是并非出于文学的或学术的思考，而常常是从自身的政治立场、政治态度出发，针对自身对当时政治文化形势的理解而采取的某种文学策略，因此，在三十年代的一系列重要的文学论争中都无不显示出浓烈的政治化色彩。"[1] 不少人援引西方的政治理论和文艺思想来支撑自己的学说,中国文坛呈现百家争鸣的状态。

1927年4月,国民党内反动集团突然发动"四一二"反革命政变,国共两党统一战线遭到彻底破坏,无产阶级有必要提出自己文学上的口号来表明自己的文艺主张。于是,一部分代表无产阶级利益的进步文学团体,如创造社和太阳社,抛弃了新文学初期用语含混而意义不甚明确的"革命文学"观点,提出了"普罗塔利亚文学"(即无产阶级文学)的口号。1930年3月,左翼联盟成立,成为建设普罗文学的主要力量,形成了广泛的革命文学统一战线。

1930年由国民党官方发起的所谓"民族主义文学运动",是一股带有浓厚政治色彩的反动文学思潮。它完全秉承由国民党有关部门提出并通过其操纵的报刊公开宣告的"打倒革命文学和无产阶级文学""建设三民主义的新文学"[2]的意旨,是直接针对无产阶级文学的。这一"民族主义文学运动"并没有形成中心理论,只不过是挟政权之威势砍杀不愿服从"中心意识"的其他文艺,这种运动理所当然受到左翼作家的严正批判,就连一些持自由主义文学思想的作家也不能接受,纷纷著文予以批驳。因此,它虽喧嚣一时,却迅速消亡。这股反动文学思潮在中国文坛上的匆匆来去,说明了一点:握有政权的国民党反对势力虽在政治、军事上占有绝对优势,但在思想、文化领域根本形不成具有影响力与号召力的独立力量。

---

[1] 南京大学中国现代文学研究中心:《中国现代文学传统》,人民文学出版社,2002,第40页。

[2] 前锋月刊社:《民族主义文艺运动宣言》,《前锋月刊》1930年第1期。

第一章 1930年代文学场中的赵家璧

　　1930年代还有一股自由主义文学的力量，与左翼文学进行了激烈的辩驳。他们标榜文学的独立品格，反对文学的政治化格调，要求文艺和政治保持距离，强调文学脱离政治的自由。这时期的"京派""论语派""新月派""自由人""第三种人"等文学流派，虽然具体文学主张各有不同，但在文学脱离政治这一点上具有高度一致性，因而汇成一股不小的自由主义文学思潮，这些流派的代表作家同主张无产阶级革命文学的左翼作家们进行了多次论战。这些论战大抵围绕文学的本质属性、文学同政治的关系、文学的功能等问题展开，论战双方的观点各有其合理性和偏颇性，显示了当时文学思潮的多元性，也反映了中国作家探求中国文学现代化之路的迫切心理。

　　这场无产阶级文学主潮与自由主义的论战，对于新文学的发展极为重要，它是五四时期关于"新"与"旧"文学论争的延续，是对文学与政治关系的一次深刻辨析。它提醒人们，要重新关注文学的本质，文学作为人类的一种特殊的精神活动，它既可以为生命、为艺术，也可以为政治，各个流派没有必要相互攻讦。文学既具有意识形态性，也具有非意识形态性，片面强调任何一方面都是不恰当的。在特定时期，革命文学的主张具有正义性，但也应看到，自由主义思潮中同样存在合理的因子。"在创作方面，如果说左翼文学发展了文学的阶级斗争主题，强化了文学参与现实、变革社会的功能，那么自由主义文学则深化了中国新文学对人性挖掘、表现的题旨，并在一些方面丰富和发展了新文学的艺术表现力。"[1] 可以说，

---

[1] 王嘉良、金汉主编《中国现当代文学》，浙江大学出版社，1995，第137页。

正是多种文学思潮的竞争，促进了文学理论和各流派文艺作品的传播。各个文学团体的文学实践形成一股强大的合力，推动着1930年代新文学的发展。这是中国现代文学全面走向成熟的阶段，出现了"流派竞荣、风格纷呈的繁荣局面"[①]。分化的文学阵营及不同的文学观念，成为这一阶段文学场建构过程中的几股力量，这些力量时而对抗，时而妥协，在激烈的角逐中共同塑造了中国文学发展的总体面貌。

1930年代，正处在五四文学革命热情渐趋冷却的特殊时期，呈现更加复杂的景象：文学风格的多样化与个性化并存；文学流派在对峙中发生联系；和1920年代的文学相比，既有承继也有嬗变；对国外文学既有借鉴也有创新。这样的局面为赵家璧的文学编辑事业提供了千载难逢的机遇，但他并未贸然卷入论争，而是作为历史的见证者，以文学图书的形式客观记录下了当年百家争鸣、异彩纷呈的文坛奇观。在与他合作的作家中，既有鲁迅、茅盾、郑伯奇、丁玲等左翼联盟的干将，也有老舍、徐志摩、胡适、施蛰存、周作人、沈从文、穆时英等持自由主义立场的知识分子，几乎涉及了当时的每个文学流派。赵家璧于1930年代的文学编辑活动，传播了众多流派的代表作品，如实反映了当时文学场的发展样貌和竞争状态，他所编辑的文学图书具有珍贵的版本价值，被后世学者当作"信史"而反复研读。

总体来看，政治权力干预、商业观念浸染和文艺观念论争构成了赵家璧于1930年代从事文学编辑活动的背景，他在文学场内所采取的行动策略，体现了他处理政治权力、商业观念、文艺论争等问题的智慧。赵家璧通过他所编辑的图书表达

[①] 李旦初：《李旦初文集》第10卷，人民日报出版社，2004，第241页。

了他的文学观念，努力维护着文学场的独立性，建设着中国的现代文学，他是在时代潮流裹挟之中能够清醒认识并勇于承担历史使命的文学编辑家。

第二节 文学编辑：赵家璧的文化身份

按照场域理论的逻辑来看，个体间文化资本的差异是差异性职业流动的重要原因。文化资本的养成依赖于惯习，个体在某类知识方面的既有优势或学习方式的适应性程度会引导他在更易发挥自己优势的资本方面倾注精力，从而使这方面的资本优势越来越突出，并逐步培养起自己的志趣和职业方向。赵家璧的文化身份是在长期的实践活动中逐步建立起来的，时代境遇的洗礼，及个体经验的沉积，对他的文化人格都起到了塑造作用，社会所赋予他的文学编辑身份，也凝聚着他个人在这一身份建构中的努力。

赵家璧从学生编辑到专业编辑，走过了一条迈向成功的发展之路，他的文学编辑活动历尽艰辛，既受制于文学场，又积极建构着文学场。海派文化开放、多元、求新、冒险的基因和世家子弟沉着稳重、善于思考的气质在赵家璧的身上都有所体现，外国教会学校制止中国师生反帝爱国游行和讲演、中国师生愤而罢课退学的经历培养了他深沉的爱国情怀，学生时代的编辑工作为他走上职业文学编辑道路奠定了基石，大学时代系统的英国文学教育给予了他扎实的翻译功底和广阔的学术视野……赵家璧文化资本积累的过程，贯穿着他的文学编辑实践过程，他对自我文化身份的认同是他文学编辑主体精神建构的基础，决定了他在职业生涯中所达到的文化高度。

一　赵家璧的文化人格特征

人生早期阶段的文化氛围与教育经历塑造了赵家璧的文化人格，也为他开展文学编辑活动及其他社会活动涂染了底色。只有充分认识海派文化与新式教育对赵家璧的影响，才能深入解读他的文艺编辑思想。

上海中西文化交融的氛围有助于赵家璧成长。赵家璧于1908年11月20日出生于当时的松江府华亭县（今上海市松江区）县城内，那时，上海对西方世界开埠通商已历经半个多世纪。西方现代化的物质、文化与制度纷纷涌入，上海作为文化桥梁连接着东西方两个世界。中国社会各行各业的现代化发展大多从上海发端，上海因此被誉为"现代中国的钥匙"[1]，研究现代中国，必然要研究上海。近代以来，海派文化逐渐兴起，它融开放性、多元性、时尚性和创新性于一身，不断熏陶着赵家璧。

赵家璧的思想和行为都体现了鲜明的海派文化色彩：他的思想开放而包容，他的行为时髦而创新。他虽出生于中国传统的文人家庭，却具有向西方学习的开明理念；中学时代就热爱西方小说，注重英文语言能力的培养；西装、雪茄、篮球、西餐也是他生活方式上追求时尚的显著表现。在他进入文学编辑职业之后，其编辑理念、选题方式、书籍装帧求新求变，不拘一格，无不带有海派文化的烙印。

开明知识分子的家庭环境也影响着赵家璧成长。家庭出身与文化资本传承和职业选择之间存在一种较强的关联性，个体总是凭借家庭内部的文化传承和积累，通过内化为个人性情的

---

[1] 唐振常：《上海史》，上海人民出版社，1989，前言第1页。

文化惯习、品位与能力，来获得不同数量与类型的文化资本，家庭良好的经济条件使其能够接受良好的教育，以经济资本换取了个体对文化资本的积累。

在科举制取消后，功名的诱惑已不复存在，而新式教育颁发的文凭，是所受教育等级的基本凭证，对读书人未来职业发展和前程具有重要意义，很快成为开明士绅的首选目标。赵家璧的祖父以收租为生，家境较为殷实，十分关注社会改革，曾经开办了松江最早的新式小学学堂，在思想上比较开明趋新，让子女全部接受新式教育。受祖辈与父辈理念与文化的影响，赵家璧也趋向于接受新式教育。1914年，7岁的赵家璧入读俞氏私塾，之后，便转入了新式学堂。赵家璧就读过的上海民立中学、光华大学附中和光华大学是当时著名的私立学校，圣约翰大学附中是具有教会背景的学校，它们都是中国新式教育的先行者，并且收费较为昂贵。可以看出，赵家璧的家庭对教育投资非常慷慨。来自家庭的文化理念以及系统的新式教育经历深深地影响了赵家璧，使他对新文化充满了信心，并且具备了建设新文学、新文化的知识基础。

二　学生时代的文学编辑实践

文化身份总是在一系列实践活动中确立的，赵家璧在学生时代的文学编辑实践给予他较为全面的文学编辑素养，为他走上职业道路并取得不凡成就打下了良好的基础。兴趣是使行为主体加速成长的"催化剂"，可以激发其巨大的潜能，达到事半功倍的效果。赵家璧在学生时代就对西方文学和新文学书籍产生了浓厚的兴趣，对他较早投入文学编辑实践、发展综合能力有极大的帮助。他回忆道："使我对于文学逐渐产生兴趣的

第一部书,是刘韦士·卡洛尔(Lewis Caroll)的《阿丽思漫游奇境记》(Alice's Adventures in Wonderland)。"①语文老师王者五还把《新青年》《新潮》等进步刊物推荐给赵家璧,使他开始关注社会的政治、文化问题,"对课本之外还有一个广大的知识世界有了朦胧的认识"②。

  受到进步报刊的影响,赵家璧迈出了文学编辑实践的第一步。1923年,文学杂志《弥洒》在上海创办后引起很大反响,时为中学生的赵家璧很受触动,跃跃欲试,也想亲自编出一本刊物。在王者五老师的指导下,他和几位同学马上行动起来,共同负责组稿,终于编成刊物并用最简陋的油印机将之印刷了几十册。尽管这本刊物的名称和所编内容都已经难以查考,这种经历却为赵家璧的职业理想埋下了小小的种子。他说:"《弥洒》的出版,确实给了我想长大了当个文艺编辑的第一个启示。"③

  在担任光华中学的校刊《晨曦》编辑期间,赵家璧逐渐掌握了编辑出版的流程,也初步认识到文艺书刊的影响力。《晨曦》创刊于1926年,由光华大学附中的学生自治会组织,下设编辑部,赵家璧是创刊初期四名编辑之一。《晨曦》第一期,分为中英文两个版本,32开,共70多页。刊物不仅组稿范围广泛,内容丰富,而且版式极具创意,中英文封面互为封

---

① 赵家璧:《使我对文学发生兴趣的第一部书》,载上海鲁迅纪念馆编《赵家璧文集》第1卷,上海文艺出版社,2008,第169页。
② 赵家璧:《编辑生涯自述》,载赵家璧编著《书比人长寿——编辑忆旧集外集》,中华书局,2008,第185页。
③ 赵家璧:《我是怎样爱上文艺编辑工作的》,载上海鲁迅纪念馆编《赵家璧文集》第1卷,上海文艺出版社,2008,第162页。

底，兼顾中西阅读习惯。刊物的经营方式也灵活多变，赵家璧在刊物上免费为承印商刊登广告，以此交换资源，节约了大笔经费。1927年，赵家璧当选为校刊的总编辑，他勇于探索，对刊物进行了大刀阔斧的改革：把刊物更名为《晨曦季刊》，把选题重点放在文艺上，扩大篇幅至每期12万字；在印刷方面，纸张由新闻纸改为白道林纸，彩印封面，增加了版权页，显得更为正式规范；在发行方面，每期印数1000册，定价2角，向校外公开发行，分销国内各地，甚至海外也有了代理处，如新加坡、美国和法国；在经营方面，刊物承接的广告也更为广泛，广告费用也有了等级之分。总体看来，这样的办刊模式已经充分具备了现代刊物的商业理念，从发行量、定价、经销处、广告版面等各种表征来看，它都不再是学校内学生们自娱自乐、蹒跚学步的内部试验品，而是非常成熟的社会文化产品。中华人民共和国成立后，上海文艺出版社把它作为民国时期的正式刊物列入《中国现代文学期刊目录》。《晨曦》及《晨曦季刊》的成功饱含着赵家璧的辛苦付出。

在此期间，赵家璧不仅亲自参与刊物编校、印刷、发行、广告承揽等各个环节的工作，而且还常常将撰写的文学评论、小说和翻译的外国文学作品投寄给其他刊物。这样丰富的文学实践，锻炼了赵家璧从组稿、写作、人事协调到刊物经营的非常全面的能力，更加坚定了他从事文学编辑工作的信心。他说："眼看手写的文稿，一旦排成铅字，顿时变了样；再印在白纸上，加上一个漂亮的封面，钉成本本，送到众人手中，就被赋予了一种独立的生命，在社会上起着它自己的作用。这个奇妙的过程，大大地吸引了我这个中学生，感到我的一股劲，从此有了使处了。"① 中学时代的文学编辑实践让赵家璧对文学编辑的文化身份和社会责任有了初步体验，他对这个既传播文化又能影响社会的特殊职业满怀憧憬。

三 职业生涯的文学编辑成就

20世纪初中国社会制度的变革，促使新式知识分子群体产生，他们既有传统士人"修齐治平"的人生抱负，又有服务社会大众的现代意识，出版业作为新兴实业之一，为他们实现人生理想提供了大展身手的平台，从事出版行业是当时知识分子较为现实和上乘的职业选择。赵家璧在大学毕业前夕，已经凭借其编辑出版方面丰富的实践和出色的才华得到了业界的关注，成为人们争相延揽的人才。赵家璧的个人职业理想与时代人才需求完美结合，他从良友公司开启了文学编辑职业生涯，取得了令人瞩目的成就。

从学生编辑，到兼职编辑，再到正式编辑，良友公司见证了赵家璧文学编辑这一文化身份的确立过程。赵家璧在于光华大学附中和光华大学主持校刊编辑事务时，经常要与印刷公司进行业务沟通，而良友公司作为刚刚起步的小型公司，开价合理，工作精细，很快成为光华校刊固定的承印点，赵家璧因此和良友公司有了更多的接触。他有一次向良友公司的老板伍联德建议，可以尝试出一本专门给大学生看的杂志，伍联德欣然同意，让赵家璧拟定一个书面计划，并且邀请他担任主编。就这样，还没毕业的赵家璧就开始在良友公司做起了《中国学生》杂志的编辑。后来，他又策划了《一角丛书》，该丛书从

---

① 赵家璧：《我是怎样爱上文艺编辑工作的》，载上海鲁迅纪念馆编《赵家璧文集》第1卷，上海文艺出版社，2008年，第162页。

第一章 1930年代文学场中的赵家璧

1931年9月开始陆续出版。《中国学生》和《一角丛书》是他大学毕业之前编辑活动的代表作,获得了良好的社会反响。这两次牛刀小试,激发了赵家璧文学编辑的热情,也让很多出版机构注意到了他的编辑才华。1931年,邵洵美刚从英国留学归来,正在积极筹建时代图书公司,不仅大力投资机械设备,而且广泛选聘人才。邵洵美非常赏识赵家璧,力邀他加入时代图书公司。尽管邵洵美开出的条件很丰厚,但赵家璧还是委婉拒绝了,他选择继续在良友公司工作。良友公司的老板伍联德察觉邵洵美挖掘人才的举动后,也正式向赵家璧发出邀请,请他毕业后全职去良友公司办公,在画报和画册之外,良友公司另辟一个文艺图书部,专门由他一人负责,职务是出版部主任。这一任命,让赵家璧在文艺编辑方面有了一个更为自主的平台,也意味着赵家璧正式走上了文学编辑的岗位。

在长期的学习和实践活动中,赵家璧把最初阅读文学图书的单纯兴趣发展成了编辑文学书刊的工作热情。1930年代正是民国出版的黄金十年,出版业全面繁荣,赵家璧顺势而为,在文学出版事业上越发勤奋。他不仅发挥个人才能,独立创造选题,还善于组织稿件,凝聚集体智慧。他在这一阶段的文学编辑实践取得了丰硕的成果。

赵家璧主编的《一角丛书》由良友公司在1931年至1933年出版,是一套小型综合性的知识丛书,定价低廉。"一角丛书"的名称不仅表明丛书每本售价一角,而且隐含"丛书只收短小精粹之作,仅仅反映文学、哲学、经济、政治、教育、军事等各科知识一角"之意。《一角丛书》紧跟时代,努力反映国内外形势。丛书第一批出版时适逢九一八事变,赵家璧立即调整选题计划,邀请罗隆基赶写《沈阳事件》、胡愈之赶写

《东北事变之国际观》,这些图书对国内外时局进行深入剖析,赢得了读者的广泛关注。读者的阅读需要成为赵家璧选题组稿的指南,因此,这套丛书选题灵活多变,成为图书市场的"宠儿"。在这套丛书中,文学相关的选题占了相当大的比重。其中,既有文学理论著作,如钱杏邨的《创作与生活》、赵景深的《现代欧美作家》、杨昌溪的《黑人文学》、汉章的《现代意大利文学》,也有文学作品如穆时英的《被当作消遣的男子》《空闲少佐》,徐志摩的《秋》,陈梦家的《歌中之歌》《不开花的春天》。《一角丛书》中也收入了不少左翼作家的作品,如丁玲的《法网》、郑伯奇的《宽城子大将》、张天翼的《脊背与奶子》等。《一角丛书》可以看作赵家璧为文学作品开辟大众化路线的代表作品,从内容、装帧到售价都体现出一种亲民的姿态。从《一角丛书》开始,赵家璧的组稿经验和作家资源日益丰富,他具备了组织起更大规模图书编纂活动的能力。

《良友文学丛书》是赵家璧专门以名家新作品为内容的一套纯文学丛书,从1933年到1944年,时间跨度长达十余年之久。和《一角丛书》相比,《良友文学丛书》的规模和质量都有了大幅提升。这套丛书每年出版10种左右,三四年时间里,就已经蔚为大观了。在1937年下半年良友迁离上海之前,《良友文学丛书》共出版39种,收录了鲁迅、老舍、沈从文、郑振铎、郁达夫等众多名家作品。赵家璧对这套丛书的作品质量要求很高,把关极严。对于崭露头角的作家,他另做丛书予以接纳,对于不合格的稿件,他婉言拒绝。丛书严格的选稿原则造就了它的文坛声誉和象征资本,《良友文学丛书》与现代文学精品之间产生了替代关系,是否被编入《良友文学丛书》

成为时人衡量作家和作品影响力的一条重要标准。当代学者评价道："自创刊以来，即掀动全国文坛，被目为中国第一部编选最佳、装订最美、销路最广之文艺读物。"① 《良友文学丛书》以其作者和质量的上乘，深受读者欢迎，得到过多次重印，是中国文学史上的常销书。

《大系》汇集了新文学革命第一个十年的成就，是对中国现代文学起奠基作用的一部大型新文学选集。《建设理论集》、《文学论争集》和《史料·索引》选辑了近200篇理论文章，系统地反映了新文学运动和新文学理论从无到有、初步确立的历史过程。编选创作的7卷，共收81个小说家的153篇作品，33个散文家的202篇作品，59个新诗家的441首诗作，18个话剧家的18个剧本。其中不少作品对新文学的创建起了积极作用，是脍炙人口的名作，其他的也大多在思想或艺术上有一定的代表性。在1930年代文化"围剿"的恶劣环境中，的赵家璧承担了很大的风险才使这部丛书顺利完成，他因此被人称赞具有"战略性的编辑构思"。这套丛书的出版计划得到赵家璧众多作家朋友的帮助，屡遭文禁的鲁迅毫不犹豫地答应编选《小说二集》，阿英无私地提供私藏的中国新文学史料的"书库"。在大家的共同努力下，由蔡元培作序，胡适、郑振铎、茅盾、鲁迅、郑伯奇、周作人、郁达夫、朱自清、洪深、阿英等名家联袂编选完成的《大系》，终于在1935~1936年由良友公司出版，成为研究中国现代文学的经典文献。

上述三部丛书代表了赵家璧在1930年代新文学传播中的主要贡献，也体现了他文学编辑经验的成熟过程。《一角丛书》锻炼了赵家璧在文化市场中以小博大、随机应变的生存

---

① 王知伊：《编辑记者一百人》，学林出版社，1985，第433页。

能力；《良友文学丛书》树立了良友公司在文学图书方面以质量取胜的正面形象，积累了作家资源和读者口碑；《大系》纵览全局、建构中国现代文学体系，是赵家璧文学编辑实践活动的升华，体现了他文学理论家和编辑出版家的思想高度。

通过长期的实践活动，赵家璧确立了在文学场内的文化身份，从此以文学编辑的角色长期参与中国现代文学的建设。从赵家璧文学编辑的成长轨迹来看，无论是社会、家庭，还是他个人，都共同经历着从传统文化向新式文化的过渡，在那个风云激荡的年代，传播新文化、新文学已经成为不可逆转的趋势。赵家璧浸润在海派文化氛围之中，系统接受过新式教育，具备传播新文化的全面素质，这体现了"五四"新文学对新型人才的塑造。赵家璧是一名进步的文艺工作者，学生时代的文学编辑实践是他开启文学编辑职业生涯极为重要的文化资本，使他树立起顺应时代的民族文学发展观。赵家璧通过兢兢业业的编辑劳动奉献出一本本优秀的文学读物，留下了珍贵的文献资料和编辑经验，在一定程度上影响了中国现代文学的品格和风貌。

第三节　赵家璧的文学编辑思想

有没有成熟的文学编辑思想是衡量一个文学编辑从业者能否被称为"大家"的重要因素，文学编辑思想是历代文学编辑主体贡献给世人的宝贵精神财富，照亮了人类文学出版事业前行的道路。赵家璧的文学编辑思想不仅是他取得显著成就的保证，而且给予当前文学出版业许多有益的启示。

赵家璧的文学编辑事业中贯穿着强烈的爱国主义情怀，他的文学理想在于发展民族新文学，并使之跻身现代世界文学的阵营。在文学编辑事业中，赵家璧具有真诚服务作家的奉献精神、高度自觉的经典建构意识、对外国文学的借鉴态度和现代文学传播中的市场化观念。赵家璧尊重作家、服务作家，赢得了作家朋友的广泛支持。作家资源是他编辑工作的源头活水，赵家璧的组稿范围遍及大江南北，甚至远涉海外，他即使是初出茅庐的小编辑，也能凭借广泛的社交圈而努力为文坛立传。赵家璧并不满足于文学出版的一般工作，他懂得，中国现代文学只有靠传世经典和系统理论才能真正从旧文学中脱离，因此传播精品、建构经典是他非常明确的目标。中国新文学在发展进程中，与旧文学的决裂注定其缺乏来自传统文学的滋养，必然从已经完成文学革命的欧美国家中寻求榜样，赵家璧向中国输入了大量外国文学作品、理论和新颖的编辑手法，用西方的文学革命经验启蒙中国。中国现代文学的传播面临着一个日益成熟的文化市场，赵家璧并不避讳文学的商业化趋向，主动转变观念，采取有效手段，让现代文学的优秀作品借市场之力得到更广泛的传播。

爱国主义情怀是赵家璧文艺编辑思想的基调，是他在文学编辑实践活动中形成包容天下之大格局的决定性因素。赵家璧的内心深处，有一种以文化事业报效祖国、唤醒民众的思想，这种思想来源于进步书刊对他的长期熏染，学生时代对帝国主义侵略行为的愤慨更加激发了他的爱国热情。1925年"五卅惨案"发生后，赵家璧就读的圣约翰中学及圣约翰大学的师生进行了反帝爱国游行和讲演，遭到校长卜舫济（美国人）的强烈反对，这使中国师生倍感屈辱。于是，包括赵家璧在内的师生共计500余人发表宣言，罢课离校。大家筹资另建了光华大学和光华中学,"光华"象征着爱国人士复兴中国教育和文化的决心。从此,赵家璧开始了在光华中学和大学的专业学习和编辑实践,他的心中充满了复兴民族文化的爱国热情。1927年,赵家璧对校刊进行的改革举措就包括取消英文部分,理由是:"我们与其用英文去表示我们的意见,我们不如用祖国的文字去表示,反可以使祖国较多的人能够阅读。"① 他心系祖国的宣言鼓舞了许多青年人:"回头望望我们这老病的祖国,一切已是危如累卵,顷刻就有全盘颠覆的危险,在这样一个紧急的时代里,学生们应该负起更重大的使命。"② 知行合一,赵家璧将爱国热情转化为编辑岗位上的勤奋劳动,他团结进步作家、传播进步文艺,积累新文学革命的成果、树立现代文学经典,吸收外国文学的现代性养分、促进中国新文艺的大众化传播,这些无一不是他爱国主义文艺思想的具体实践。

一 奉献精神:真诚服务作家

作家是编辑工作得以开展的重要前提,正如张如法先生所说:"如果没有作者生产的传播物的毛坯,编辑就无从进入选择、加工、整理的劳动过程,整个大众传播机构也就无成品可传播与发行推销。……所以不管从哪种角度来说,做好作者的工作都是编辑的第一位事情。"③ 人们常常用"苦恨年年压金线,为他人作嫁衣裳"④ 来赞美编辑那种服务作家、默默奉献的精神,赵家璧凭借真诚的服务态度联系作家、拓展作家资

---

① 赵家璧:《最后一页》,载上海鲁迅纪念馆编《赵家璧文集》第3卷,上海文艺出版社,2008,第52页。
② 赵家璧:《最后谈话》,《中国学生》1931年第8期。
③ 张如法:《编辑社会学》,河南大学出版社,1993,第79页。
④ 秦韬玉:《贫女》,载《全唐诗》第670卷,中华书局,1960,第7657页。

源，组建了一支规模庞大、水平高超的作家队伍。

　　编辑与作家真正的合作体现在作品生产的过程中，赵家璧不仅参与已创作完成的作品的编辑工作，而且参与了创作计划的制订和监督工作，他常常催逼作家按时交稿，竟有不少名篇佳作是在这样的催逼下完成的。赵家璧说："作家是编辑的衣食父母，反过来编辑向作家敦促，劝说，恳求，甚至不断地'逼请'作家动笔，有时也起一定的促进作用。"① 茅盾对此深有感触，他当年原定1935年底交的稿子，一直到1937年年中才在赵家璧的反复催请下完成了10万字的任务。茅盾在书中还对赵家璧的督促工作记上了一笔："'良友文学丛书'以《烟云集》三字告白时，实尚未有一字，个人极以'卖空'为忧，但赵家璧先生引'文章是逼出来的'的'通则'，批驳了我的期期以为不可。"② 叶圣陶也对赵家璧的督促念念不忘："印在这本集子中的几篇东西，同以前的东西一样，都是由杂志编者逼出来的。信来了不止一封，看过之后，记在心上，好比一笔债务，总得还清了才安心……末了，对于'催逼'我出版这本集子的赵家璧先生谨致感谢。"③ 此外，谢冰莹的《女兵自传》等也有赵家璧的催逼之功。文学作品凝聚了编辑与作家两种主体的付出，而编辑犹如作家身后的"助推器"，默默无闻地奉献。

　　赵家璧用真诚的态度和切实的行动服务作家，帮助作家增加经济收入，更重要的是给予作家精神上的支持。在作家的作品遭到查禁或作家本人受到政治迫害时，赵家璧敢于挺身而

---

① 赵家璧：《编辑生涯忆茅盾》，《编辑学刊》1987年第10期。
② 赵家璧：《文坛故旧录》，中华书局，2008，第28页。
③ 叶圣陶：《四三集》，上海良友图书印刷公司，1936，第3页。

出,帮助作家突破封锁;对作家交付的作品,赵家璧总能做到精心设计、及时出版;在稿酬的结算和支付方面,赵家璧尽心维护作家的正当权益。他常常采用能使作家有长期收益的版税制进行合作,而极少一次性买断版权。在丁玲失踪而其作品《母亲》畅销之后,赵家璧辗转通过鲁迅打听到丁玲母亲的地址,以"先寄一百来元,待回信到后,再行续寄"①的办法妥善地支付了稿费。赵家璧服务作家的细节充满了智谋、胆识和热情。

赵家璧的作者队伍中既有鲁迅、胡适、茅盾等文坛领袖,也有丁玲、梵澄、罗烽、艾芜等新晋作家;既有左翼作家,也有其他流派的作家;既有各擅其长的诗歌、散文、小说、戏剧等方面的作家,也有文艺评论家、翻译家。他们分布于全国各地的学校、报刊社、图书出版机构,成为赵家璧获取文学界当前动向最直接的信息源,也成为他文学图书生产的强大生力军,为他开发选题、组织稿件提供了极大帮助。虽然名作家是出版物成功的保证,但赵家璧并非唯名家是用,他一向以爱护、扶持的态度来对待未成名的作家。《中篇创作新集》是赵家璧在张天翼的帮助下策划的丛书,专门编印左翼青年作家的中篇创作,其中有蒋牧良、欧阳山、艾芜、周文、罗烽和葛琴等人的作品,他们当时在文学界的知名度并不是很高。赵家璧对年轻作者的扶持增强了他们的信心,为他们日后成为著名作家创造了条件。

赵家璧真诚服务作家,他的编辑工作也得到了广大作家的支持,从而取得了更大的进步。内山书店、良友公司、《现代》

---

① 鲁迅:《鲁迅全集》(大字线装本)第8卷,人民文学出版社,2014,第399页。

杂志等是赵家璧联络作家的主要公共文化空间,对赵家璧拓展选题、制定编辑方针有很大的影响。内山书店是鲁迅经常与各编辑们交接稿件、会见作家朋友的场所,在这里赵家璧得到鲁迅先生的引荐,结识了许多左翼作家;赵家璧供职的良友公司总体上保持政治中立,出版物以都市休闲风格闻名;《现代》杂志倡导的现代性和纯文学的理念得到赵家璧的认同,现代派作家频频成为他的组稿对象。赵家璧面对纷繁复杂的文学派别,不急于做价值评判,与其他带有鲜明文学流派特征的编辑有所不同,他编辑的图书不拘一格,百花齐放,客观记录了当时中国新文学发展的总体面貌。赵家璧真诚服务作者并与他们交朋友、平等相待的合作模式,成就了中国现代文学史上一部又一部辉煌的著作。

二 编辑意识:自觉建构经典

在新文学脱离旧文学的革命初期,理论宣传和作品创作都十分活跃,但是,新文学必须树立经典学说和经典作品才能真正独立于旧文学。赵家璧具有高度自觉的经典建构意识,他编辑出版的图书完成了新文学建构经典的历史使命,增强了新文学建设者的信心,指出了中国现代文学的发展方向,体现了赵家璧高屋建瓴的史学家眼光。建构文学经典既要特别注重作品的经典性,即超越时代的永恒性,还要特别注重选题的创新性和文化性,即选题要具有独特性和较高的辨识度,不能同质、重复,这是打造图书品牌的必要手段;图书选题还要反映当时的文化面貌,引领文化的发展方向,有益于传承优秀的文化。赵家璧从海派文化中培养起一种开放、包容的文化态度,从文学编辑实践中锻炼了精益求精的文化鉴别力。

受海派文化影响，赵家璧拥有开阔的知识视野和中立的政治立场，选题极具开放性和包容性。他的约稿作者极为广泛，几乎包括了当时文坛各种流派的作家，既有老将，也有新人；既有鲁迅、丁玲等左翼作家，又有徐志摩、胡适、林语堂等自由主义知识分子，这就使得他编辑的图书呈现多元化的风貌。"左联"的主将郑伯奇曾批评道："不可否认，这些丛书的内容并不令人十分满意，作者的名单也比较复杂。"他又补充说："但在当时的情况下，这样的计划颇受读者欢迎，书店由此受到鼓励。"[1] 由此可以看出，多元化的组稿内容和作者结构是当时出版业生存的必需，而值得庆幸的是，正是这种"复杂"，才为后世文学史研究者提供了考察1930年代文坛格局的较为客观和系统的书面资料。

要使一部图书成为经典，必须经过精心的筛选和编排。而选择和编排，正是最基本的编辑权。制作选本是赵家璧建构经典的常用手法，体现了他积累现代文学文献的强烈意识。文学作品浩如烟海，自古以来，人们都有一个愿望，希望通过删繁就简把精华作品推荐给后人。在中国，选本传统由来已久，源远流长。萧统在《〈文选〉序》中说："自姬汉以来，眇焉悠邈，时更七代，数逾千祀。词人才子，则名溢于缥囊，飞文染翰，则卷盈乎缃帙。自非略其芜秽，集其清英，盖欲兼功，太半难矣！"[2] 这表明，作品数量的累积和猛增产生了保存作品和为读者筛选佳作的需要，《尚书》《诗经》《楚辞》《昭明文选》等都是在这样的需求下产生的，这些经过编选的著作成为不朽的经典。中国历代也产生了许多以编选诗文集而著名的

---

[1] 郑伯奇：《左联回忆散记》，《新文学史料》1982年第2期。
[2] 穆克宏主编《魏晋南北朝文论全编》，上海远东出版社，2012，第453页。

"选家"。

20世纪报刊和出版印刷业的发达，基础教育的扩张和借文学启民智主张的传播，致使中国的新文学生产数量也呈现几何级数的增长，对新文学作品进行筛选和整理自然成为许多学者、作家和编辑的时代重任。朱自清就和叶圣陶讨论过选诗的必要："觉得该有人来选汰一下，印一本诗选，作一般年轻创作家的榜样。"[①] 选本要么是为创作者提供示范，要么是为读者提供经典文本，要么是对作品进行评价、对文学现状进行总结，这在客观上促进了新文学的发展。总之，文学选本作为建构经典的手段，体现了新文学生产者和传播者的自觉和努力，也体现了编选者的理论高度。

赵家璧深知文学编辑担负着建构文学经典的重任，他不仅广泛搜集作品，而且把它们汇总到特定的选题下，体现出对某一阶段或某一类别文学作品的筛选、评点和总结。他先后为良友公司策划出版了《大系》和《二十人所选短篇佳作集》，《世界短篇小说大系》已经形成编辑纲要，后因时局动荡未能付梓。这几套具有选本性质的丛书是赵家璧选题策划功力的最好体现，赵家璧凭借文学"选家"的缜密思维造就了这批经典图书，达到了文学"史家"的学术水准，这些图书不仅在当时很受关注，在后世也广为流传。

三 开放态度：真诚学习西方

巴赫金指出："文化是有边界的，因此只有在其他文化参

[①] 朱自清：《选诗杂记》，载《朱自清全集》第4卷，江苏教育出版社，1990，第379页。

与的情况下，文化的自我意识才可能出现。"① 外国文学是促使中国文学进行改良的外部力量，在表现技法方面给予中国文学许多启发。特别是五四以来，译介西方文学成为追求中国文学现代化的途径，中国新文学的倡导者试图借助外国文学向本国文学的固有传统挑战，并期望中国也出现许多文坛斗士来开创崭新的文学局面。文化翻译学派认为："所有翻译都为某种目的对原文进行一定程度的操控。"② 一般来说，外国文学在输入国内的过程中渗透了输入者的主观态度，他们总是不可避免地对译介对象进行遴选和刻意改造，使之适应输入地的文化环境和读者心理。赵家璧对西方文学持开放的学习态度，他在1930年代传播外国文学的活动也是一种与翻译活动颇为接近的文化操控，具有明确的目的，那就是：使中国的文艺在借鉴中完成自我成长及努力建构起属于自己的文学体系，并使之快速走上现代化道路和跻身世界文学之林。

赵家璧在英文方面的教育背景和学术专长为他开展外国文学的传播活动提供了便利，徐志摩、施蛰存、鲁迅等文化界的师长、朋友激发了他对外国文学深入研究的热情，他以独到的眼光撰写外国文学评论，编辑、翻译外国优秀文学作品，他的外国文学传播成就在1930年代名列前茅。他坚持对文学现代性的追求，从王尔德的唯美主义，小仲马和雨果的浪漫主义，再到乔伊斯、多斯·帕索斯的意识流，尤金·奥尼尔的表现主义，甚至到苏联的童话、科普等文学样式，他都积极地向中国读者推荐，引导中国作家学习文艺创作的新风尚。

赵家璧对美国文学的崛起充满了信心，他通过《新传统》

---

① 吴克礼：《文化学教程》，上海外语教育出版社，2002，第65页。
② 穆凤良：《翻译的共性与个性》，国防工业出版社，2014，第13页。

一书对美国文学的发展历史和重要作家进行了论述,指出现实主义和民族主义两个特征是美国文学能够自成体系、独立于英国文学的根本原因。美国原本是英帝国主义的殖民地,美国文学一直依附于英国文学,美国即使脱离了英国的殖民统治,建立了自己的政权,在文学方面还是亦步亦趋地跟在英国后面,创立美国自己的文学是美国作家几代人的目标。经过20世纪初期的努力,到1930年代,美国自己的文学景观终于在现实主义创作的发展线索下初步成形,语言技巧凸显了美国特色。赵家璧把美国文学独立事业中的成就介绍到中国来,取名《新传统》,意在区别于笼罩美国文学的旧传统。赵家璧在书中强调了美国文学对中国文学的意义,表明了他向国内传播美国文学的动机:"我觉得现在中国的新文学,有许多地方和现代的美国文学有些相似:现代美国文学摆脱了英国的旧传统而独立起来,像中国的新文学突破了四千年来旧文化的束缚而揭起了新帜一样;至今口头语的应用,新字汇的创制,各种写作方法的实验,彼此都在努力着;而近数年来,在美国的个人主义没落以后,从五四时代传播到中国思想界来的'美国精神',现在也被别一种东西所淘汰了。太平洋两岸的文艺工作者,大家都向现实主义的大道前进着。他们的成绩也许并不十分惊人,但是我们至少可以从他们的作品里认识许多事实,学习许多东西的。"[1] 赵家璧是美国文学研究的先驱,他为中国学者提供了研究美国文学的纲领,激励中国的新文学革命继续深入下去。

中国学人在新文学革命中就发出了向西方学习的倡议,赵

---

[1] 赵家璧:《新传统》,载上海鲁迅纪念馆编《赵家璧文集》第1卷,上海文艺出版社,2008,第3页。

家璧于 1930 年代的外国文学传播活动进一步开拓了中国作家与读者的视野，为中国文艺提供了摹本和参照，坚定了中国现代文学建设者的信心。直至今日，中国文学依然保持开放的胸怀，用外国文艺的养分充实自己，已经成长为世界文坛最为活跃的力量之一。

四　传播理念：积极利用市场

文学的庄严性使其长期与市场保持距离，但 20 世纪以来中国出版业的成熟使文学不可避免地出现了商业化倾向，文学与市场之间产生了越来越多的互动。市场可以塑造文学的个性，文学也可以借市场之力实现有效传播。尽管市场催生了一部分品位庸俗的文学作品，但是，中国现代文学发展的历史还是有力地证明了市场化传播机制对文学有利的一面，它激活了创作行为，促进了文学风貌的变革。赵家璧在文学传播活动中客观分析市场利弊，积极利用市场。

在 1930 年代的文学市场中，小说体裁是热点。小说被认为"浅而易解，乐而多趣"，梁启超有关"小说界革命"的一系列主张强调了小说形象反映生活、易于被大众接受的叙事特征，为小说在现代文学众多体裁中占据主角地位奠定了基础。在赵家璧编辑的文学图书中小说占据了较大比重，这是 20 世纪文学生态特征在出版业上的投射，也体现了编辑主体在利用市场传播文学时的能动性决策。出版技术的进步促使 20 世纪文艺图书出现了图像语言表达的新趋势，采用版画技法的连环画成为常用的出版手段。它们既具有审美价值，也在现代出版市场中具有沟通一般民众的优势。赵家璧说："在国人稍稍注意到这种旧有而又新兴艺术的年头，我们把比国（指比利时）

木刻名家麦绥莱勒的作品搬到中国来，也许可以给中国连环图画的将来，一条有生命的路。因为连环图画既被众人认作走向艺术大众化的捷径，而当内容和形式的改良正找不到出路的今日，这一种尝试，至少可以给我们一点新认识。"①赵家璧在鲁迅先生指导下从外国引进的连环画读物，活跃了中国的文学市场，开启了西方版画在中国传播的历史。

在大众传媒兴起的时代，广告是提高文学图书传播效率的新渠道。1930年代，上海成为中国的报刊重镇，一批专业文学报刊产生，还有很多报刊开辟文艺副刊，成熟的文化市场带动了文学消费，报刊成为传递文艺资讯的重要媒体。赵家璧常常在《申报》《文学》《现代》《良友》《文学季刊》等报刊发布文学图书广告，这是当时能够把图书信息及时告知读者的最佳途径。良友公司的支柱刊物《良友》画报成为赵家璧刊发图书广告最多的一份媒体，其月销量最高达到过4万份，这是产生广告效应、引起读者广泛关注的近水楼台。他在回忆《良友》画报时说道："……三十年代几百种良友文艺新书的出版信息，无一不是通过这个画报最早传递给广大读者；在该报的广告页上，留下了我走过的足迹。"②《申报》是当时上海发行最广、影响最大的报纸，它的文学图书广告反映了当时上海乃至全国文学出版的总体情况，甚至有学者从《申报》广告解读出中国文学的嬗变过程③。赵家璧选择《申报》来刊发图书广告正是看中了它在广告界和文艺界的影响力。

---

① 赵家璧：《书比人长寿——编辑忆旧集外集》，中华书局，2008，第102页。
② 赵家璧：《〈良友画报〉二十年的坎坷历程》，《新闻研究资料》1987年第1期。
③ 学者潘薇薇专门研究过"从《申报》广告看中国近代小说运动"这一课题，并出版了同名专著。

赵家璧并不回避文学产品追求市场价值的特性，把许多商业中的促销方法运用到文学图书的推广上。具体来说，一是制作作者签名本，二是实施预订优惠政策。对于一本崭新的图书来说，作者的亲笔签名算是其眼睛和神韵，作者的精神、心灵、气质、修养和趣味等得以直观表现，作者的亲笔签名往往能带动读者的购书热情。在外国，发行作者的签名本由来已久，并且由于其具有收藏价值而大幅度抬高了图书的售卖价格。赵家璧在策划文学图书时，也把作者签名本作为一个重要的促销手段。在和作者约稿时，就准备一百张编号空白的签名纸，作者签好后先交还回来，等到图书装订时，就把这一百张纸作为里封衬页裱在一百册布面精装封面的背后，做成作者签名本。因为是未雨绸缪，所以即使出现像丁玲交稿后突然失联的紧急情况，签名本图书仍能按照原计划出版。赵家璧为图书制定了阶梯式的预售价格和多种折扣价，根据预付款项的比例，采取不同的优惠折扣，预付款项越多，价格越优惠，体现了赵家璧随机应变的商业头脑和时时处处为读者谋实惠的职业素质。

总之，在赵家璧的传播理念中，文学市场与文学的艺术性并不一定是相悖的，他主动接纳市场，并积极利用市场规则从作品的体裁、宣传渠道、营销方法等方面提高优秀文学作品的传播效果，遏制了庸俗文学读物的泛滥势头，在一定程度上优化了文学生态。

赵家璧的文艺编辑思想是中国知识分子探索中国文学与出版现代化道路的宝贵精神遗产：他服务作家而默默奉献的精神、高度自觉建构文学经典的意识，以及对待外国文学和文学市场理智、开放的态度，在当前我国的文学出版事业中值得提倡。赵家璧的文学编辑思想，体现了他富有前瞻性和开放性的战略眼光，成就了他文化救国的编辑家理想。

赵家璧的教育背景、实践经历以及1930年代特殊的社会状况赋予了他作为文学编辑的文化身份，这一身份具有更宏观的意义。赵家璧的文学编辑活动是转型时期的中国社会在文化方面的探索活动，他以舍我其谁的英雄姿态扛起了巩固中国新文学合法化地位的大旗，把中国现代文学建设成有发端、有谱系、理论与创作并重的文学学科体系。他的文学编辑思想不仅指导着他文学报国的实践活动，而且长久以来滋养着中国的文化事业。

第二章
开拓作家资源
——汇聚现代文学的生产力量

对编辑来说，作家和作品都是其文学生产活动的资料来源，而作家是文学生产资源中最活跃、最能动的资源。相对而言，作品资源是静态的，其本身不具备生产力，是有限资源；而作家资源则是动态的，具有强大的生产力，是无限资源——作家资源可以生产无限的作品资源。作家资源是文学编辑们竞相争夺的社会资本，有助于实施团体化的行动策略。社会资本是场域理论中的一个重要概念，指人与人之间、人与组织之间、组织与组织之间在长期交往和互利合作中所形成的一系列认同关系，以及由这些认同关系所衍生出来的历史传统、社会规范、价值观念、理想信仰和行为范式等，它们有利于社会成员之间广泛地开展有效合作。在文学传播活动中，目光长远的编辑往往更加注重作家资源的积累。

在文学的社会化生产中，作家与编辑的关系至为密切：作家是文学作品个人化的、自发的创作者，文学编辑则通过选择、修改、重组等手段对作品进行再创造，并引导读者的阅读与接受，从而实现文学的社会功能；文学编辑要对作家在创作中传达出的审美观进行社会化的二次传达,以提高读者的审美趣味;文学编辑还要把作家的原初作品加工成可以在社会上流通的商品,以实现其市场价值。作家处在文学生产的上游,水平参差不齐,文学编辑在其下游通过有选择的编辑、传播行为调节着文学生态。

1930年代,上海汇聚了众多作家和文学团体,作家资源非常丰富。赵家璧抓住这一有利时机,通过师生、同乡、同事等既有社交网络,同作家们建立了广泛的联系。在此基础上,他进一步拓展公共交往空间,由上海逐渐辐射到全国各地,努力开发和利用有效的作家资源。这不仅拓宽了他的文学传播领域,而且促进了中国现代文学百花园的繁荣。他以中立的态度看待文坛论争,在所编辑的文学图书中收录了众多流派的代表作,客观呈现了1930年代的文学生态。在文学场的竞争中,各流派的力量并不均衡,赵家璧没有因为某些文学团体力量的薄弱和处境的艰难而忽视它们的存在,他重视一切具有文学价值的作品,倾注一切力量促进它们的传播。在左翼文学受到国民党反动政府"围剿"时,赵家璧利用良友公司相对中立的政治面貌取得当局的信任,为传播左翼文学作品贡献了力量。新月派诗人徐志摩的作品中融合了中国古典诗歌与西方浪漫诗歌的精华,推动了诗歌、散文文体的变革,在现代文学史上具有特殊地位。1931年,徐志摩的突然离世是中国文坛的一大损失,赵家璧凭借编辑的职业敏感十分重视保护这一特殊的作家资源,及时投入到对徐志摩遗著的编辑和整理工作中,为徐志摩作品的流传奠定了基础。

与作家的广泛交往,促进了赵家璧的新文学生产和传播活动,也使他很快聚集起编纂权威文学读本的力量,在某种程度上抵制了政治势力对文学生态的干预。赵家璧所开发的作家资源是中国现代文学发展过程中重要的文学生产力量,他对新文学的积极传播使中国新文学呈现多元化的面貌,壮大了中国现代文学的声势。

第一节　赵家璧的作家资源

1930年代中国新式知识分子向上海汇聚的历史景观使赵家璧得天时、地利、人和,具有了开发作家资源的独特优势。尽管施蛰存、徐志摩、郑伯奇三人文学立场不同,却都是赵家璧作家关系网络中较为关键的人物,他们文学观念的差异也造就了赵家璧作者队伍的多元性。作家资源是保障赵家璧的行动策略有效开展的重要社会资本,与他的文学编辑成就之间具有内在的关联性。从文学社会学角度解读赵家璧作家资源的积累过程,将会更清晰地看到文学编辑主体在私人社交网络中的社会身份与其在公共领域中的社会身份相融合的过程。从本质上讲,赵家璧开拓作家资源的过程,是他集结中国现代文学生产力的过程。他所召集、团结的作家是在1930年代中国文学创作的中坚。

一　赵家璧与1930年代的上海作家群

上海的崛起与繁荣源于上海的开埠。随着商业的往来,文化也进进出出,外国思潮相继登陆,本是通商码头的上海也逐渐成为文化的码头,汇聚了世界各地形形色色的艺术品种。上海设立的租界,拥有独立的司法审判权和治安管理权,因此,当时的上海具有相对宽松的政治和舆论环境,拥有极大的自由

第二章 开拓作家资源

空间，全国的文化精英纷至沓来，客观上促进了舆论的民主化，也促进了文化出版业的繁荣。到了1930年代，上海更加成为当时中国各主要社会阶层与政治力量积极活动、并存交错的地点，也成为许许多多具有不同政治信仰和不同文学旨趣的中国作家以文谋生的场所。

在1927年至1937年的十年间，中国现代作家常年汇聚人数最多的城市就是上海。受到政治时局的逼迫，革命青年纷纷避居上海谋求生存空间；北方教员因为薪俸积欠多年，也陆续来到上海。革命青年、文学青年、学者和进步作家构成了文学界人士迁居沪上的主要阵容，学者旷新年曾梳理出一份详尽的名单："1927年10月，经过将近一个星期的海上颠簸，鲁迅和许广平从广州来到了上海。在此前后，郭沫若、阳翰笙、李一氓等人参加南昌起义之后辗转来到上海，茅盾、蒋光慈、钱杏邨、孟超、杨邨人、宋云彬、汪原放、孙伏园、林语堂等从武汉赴沪，夏衍、冯乃超、李初梨、朱镜我、彭康、王学文、傅克兴、李铁声、沈起予、许幸之等从日本留学归来，徐霞村、巴金等从法国留学归来，洪灵菲从南洋流亡归来，柔石在家乡参加农民暴动失败后来到上海，刘呐鸥从台湾返回上海，李璜从重庆来到上海，李小峰等从北京逃到上海。"[①] 除了这些迁居客之外，当时的上海已经居住着大批著名的知识分子：张元济、蔡元培、朱经农、王云五、高梦旦、徐新六、汪孟邹、周建人、叶圣陶、夏丏尊、赵景深、郁达夫、张君劢、张东荪、施蛰存、戴望舒等。当时上海的文学界汇聚了一大批精英，其中一部分已经名满天下，另一部分当时尚未被人所知，此后他们凭借图书、报刊媒介上的作品逐渐向世人展示自己的

---

① 旷新年：《1928：革命文学》，山东教育出版社，1998，第19页。

才华和成就。

1930年代，在上海这个都市圈中，作家、学者们之间最初彼此都是陌生人，他们通过一套新的规则、各种各样的私人与公共的交往来建构新的关系网络。这种交往不再局限于血缘和地缘的关系，社交网络更多是因行动者惯习的接近性而形成的：意识形态或学历出身、知识类型、道德价值、文化趣味、生活品位等方面的共同性使得他们物以类聚。在公共交往中，公共空间——除了茶馆、报刊社、大学、社团之外，还有书店和出版社——成为支撑公共关系网络建构，供作家们谈论思想、交接文稿的重要场所。

众多作家的文学交往和文学活动，使上海之于文学的意义更加重要，"成为中国现代各种文学的主要荟萃、争鸣、传播之地，成为中外文学交流、汇融的主要渠道，成为与北京并列又时时使北京逊色的现代中国两大文学中心之一"[①]。这一时期的上海文学空前繁盛。信仰社会主义的作家们，在这里发动了旨在使文学更加紧密地与现实人生相结合、并自觉为无产阶级社会革命运动服务的"无产阶级革命文学运动"和"左翼文学"运动，现代中国作家的第一个全国性组织中国左翼作家联盟成立后，上海又成为中国左翼文学运动的中心。左翼文学运动构成了这一时期上海文学乃至全中国现代文学的主流。另外，信仰民主主义、自由主义、无政府主义乃至封建主义、民族主义等的作家们，也在这里积极宣传和实践各自的文学主张、文学追求，开展各自的文学活动或运动。它们与左翼文学运动或声息相通，彼此呼应；或对峙冲突，针锋相对。诸多不同的文学流派，如批判现实主义、革命现实主义、消极浪漫主

[①] 陈青生：《抗战时期的上海文学》，上海人民出版社，1995，第3页。

义、革命浪漫主义、象征派、现代派、唯美派、颓废派、娱乐派等,都在这里竞相展露各自的风采神韵。

赵家璧于1930年代以文学场内的中立者姿态与上述文学精英互动。他既作为写作者向《现代》《文学》《文学季刊》等刊物投稿,又作为出版编辑向鲁迅、茅盾、老舍、丁玲等作家约稿,文学出版活动成为他与上海文学界人士建立关系网络的重要途径,而广泛开展社会交往、有效进行公关活动是他聚拢作家资源、搜集文学信息的必要手段。甚至可以说,没有赵家璧与作家之间的社会交往,就没有其文学编辑事业的成就。他曾深情地回忆:"我这一辈子,有四位恩师:三十年代良友时的鲁迅、茅盾先生,四十年代晨光时的老舍、巴金先生。在我数十年历尽磨难的编辑生涯中,他们分别给予我终生难忘的鼓励和种种帮助。就靠这种雪中送炭的友情和温暖,才使我一直站在文艺编辑这个岗位上,没有退却。"① 与作家建立起的亦师亦友的关系,是赵家璧文学编辑事业不断进步的动力,这对今天在文学事业中奋斗的人们很有启发。

从已经出版的图书中,我们梳理出赵家璧在1930年代合作过的作家,有胡适、陈梦家、穆时英、施蛰存、徐志摩、马国亮、赵景深、梁得所、王家棫、杨昌溪、蓬子、丁玲、钱杏邨、何家槐、周起应、沈端先、郑伯奇、汪锡鹏、徐衍存、张天翼、杜衡、沈从文、何双璧、林徽因、彭家煌、汉章、吴南嘉、鲁迅、巴金、老舍、陈铨、郑振铎、靳以、茅盾、韩侍桁、丰子恺、凌叔华、沈起予、周作人、朱光潜、郁达夫、谢冰莹、俞平伯、叶圣陶、王统照、鲁彦、叶灵凤、阿英、艾

---

① 赵兰英:《难忘两次采访——忆赵家璧先生》,载上海鲁迅纪念馆、上海文艺出版社编《赵家璧先生纪念集》,上海文艺出版社,1998,第146页。

芜、梵澄、万迪鹤、刘半农、周文、王任叔、唐锡如、储安平、蹇先艾、洪深、娄适夷、董纯才、潘之一、张叔愚、蒋牧良、奚如、白尘、欧阳山、舒群、周文、罗烽、葛琴、草明、郭子雄、芦焚、方敬、严文井、萧乾、予且、姚志伊、张若谷、罗蒙、冯雪冰、蔡维真、缪崇群、马学禹、谢恩祈、赵筱延、雪映、大华烈士、林疑今、胡蝶、倪贻德、夏征农、祝秀侠、曹靖华等，共约100人，真可谓大家云集。广泛的作家资源和文化名人效应提升了赵家璧在文学场内的号召力，也成为他策划编纂大型丛书、选集的支持力量。

二 私人关系网络与作家资源

正像社会学家费孝通分析的那样，中国社会关系的结构十分独特，是"逐渐从一个一个人推出去的，是私人联系的增加，社会范围是一根根私人联系所构成的网络"[①]。这种关系网络就像以个体的"我"为中心投在水中的石子荡起的波纹，一圈圈推出去，愈推愈远，也愈推愈大。乡土社会中，人与人之间最基本的关系就是师生、同学、同乡、亲友等关系，赵家璧庞大的作家资源是他依靠这些最初的社会关系网络逐渐积累起来的。赵家璧作家资源的结构体现了一定的地缘和学缘关系。

赵家璧的作家资源最初来自他的同学和同乡。赵家璧长期担任中学校刊的编辑工作，笼络了一批写作能手，其中大部分是校友，如田间、周而复、穆时英、储安平、王家棫、潘予且等人，他们的作品最初只发表于校园内部刊物或像《中国学生》这类定位于学生读者的刊物上。当赵家璧正式担任良友

[①] 费孝通：《乡土中国》，生活·读书·新知三联书店，1985，第28页。

公司的文艺编辑部负责人之后，这些人就成为他文艺图书编辑事业起步阶段的首批作者。赵家璧曾很感慨地回忆道："从作者阵营看我最初跨入文艺圈子时，联系作者的面是多么狭小啊！仅仅局限于同乡、同学、同事和老师。"① 在文学活动中与赵家璧保持长期交往的校友主要有穆时英、储安平、王家棫、潘予且和杨昌溪。

穆时英晚赵家璧两年进入光华大学，两人均攻读光华大学英国文学系，都是新文学创作的活跃分子，所以和赵家璧有较多的交往。穆时英写过受左翼作家肯定的"普罗文学"，也写过表现大都市光怪陆离生活的都市文学，他尤其擅长运用感觉主义、印象主义等现代派手法，被人称为"新感觉派的圣手"，开了"洋场文学"的先河，成为在1930年代风行一时的海派作家。在校友中，赵家璧编辑穆时英的作品是最多的。

施蛰存是赵家璧的老乡，同是松江人。当赵家璧为良友公司策划《一角丛书》，施蛰存正在松江县立中学任教，每逢假日回家，赵家璧常与年长几岁的施蛰存见面，并向他求教。赵家璧说："在我编辑生涯中，蛰存是第一个提携我的作家。"② 施蛰存对赵家璧的影响很大，常常为赵家璧策划编辑的丛书出主意，也为丛书供稿，并引荐作者。赵家璧回忆两人的交往时提出："一九三二年春，现代书局经理张静庐把他从松江请来上海编《现代》杂志，从此我和他有了更多晤面的机会。我也为《现代》写文章；他不但为我此后编的丛书提供他自己的小说集，也为我介绍了许多著名的作家，我记得巴金的第一

---

① 赵家璧：《我编的第一部成套书——〈一角丛书〉》，载上海鲁迅纪念馆编《赵家璧文集》第1卷，上海文艺出版社，2008，第180页。
② 赵家璧：《我编的第一部成套书——〈一角丛书〉》，载上海鲁迅纪念馆编《赵家璧文集》第1卷，上海文艺出版社，2008，第183页。

部作品就是通过他组到的。"① 更重要的是，施蛰存对西方现代派文学的关注和推荐，对赵家璧产生了重要的影响，赵家璧写成的一系列有关西方现代派的评论、译著就是在这样的影响下产生的。他说："由于施蛰存个人的艺术倾向和审美观点，《现代》不但介绍了日本新感觉派作家的作品和法国象征派诗歌等，也发表了不少用意识流手法写的文艺创作。他自己对西方现代派作品也很感兴趣，我当年对美国作家格特鲁德·斯坦因、海明威、福格纳进行研究，写了评价文章；《现代》出版特大号《美国文学专号》时，我为它写第一篇《美国小说之成长》长文，多少受了蛰存的影响和鼓励。"② 施蛰存提倡引进现代主义思潮、推崇现代意识的文学创作，赵家璧在编辑方面对此做出了强烈响应。

罗洪（1910.11—2017.2）是中国文坛最长寿的女作家和海派的代表人物，她和赵家璧也是同乡。"是由朱雯介绍给我的，我们三个都是松江人，当时朱雯已与罗洪结婚，在松江执教；我已在良友图书公司当文艺编辑，每逢节假日，常回故乡探亲，经常和他们以及同时在松江中学执教的施蛰存、陆贞明等文友相聚，互通文坛情况。"③ 罗洪的第一部长篇小说《春王正月》在良友公司出版，极大鼓舞了罗洪的创作热情。赵家璧对这部书稿评价很高："但当我第一次读完罗洪这部近二

---

① 赵家璧：《我编的第一部成套书——〈一角丛书〉》，载上海鲁迅纪念馆编《赵家璧文集》第1卷，上海文艺出版社，2008，第183页。
② 赵家璧：《我编的第一部成套书——〈一角丛书〉》，载上海鲁迅纪念馆编《赵家璧文集》第1卷，上海文艺出版社，2008，第183页。
③ 赵家璧：《写我故乡的一部长篇创作——罗洪旧作〈春王正月〉》，载上海鲁迅纪念馆编《赵家璧文集》第2卷，上海文艺出版社，2008，第371页。

十万言的长篇手稿时,我简直不相信她和上述几位女作家会那样的不同:她不写自己,不写儿童妇女,不写家庭琐事,更不写工人、农民和士兵;她用这样的大手笔,以艺术形象,集中而生动地描绘了一幅 30 年代初期,发生在上海附近一个古老城市的旧中国错综复杂的社会生活画卷。"① 1930 年代赵家璧等文学编辑对罗洪作品的传播奠定了罗洪的文坛地位。

徐志摩和赵家璧的师生关系建立于 1928 年前后,在赵家璧拓展作家关系网络的过程中,徐志摩是极为关键的人物。赵家璧在光华中学校刊上发表的几篇有关欧美文学的文章引起了当时执教于光华大学的徐志摩的注意。当时,徐志摩已经是名满天下的诗人才子,被誉为新月社的"盟主"。徐志摩是赵家璧的良师益友,两个人私交甚厚。通过他,赵家璧结识了胡适、郁达夫、何家槐、陈梦家、沈从文、冰心和周作人等。

胡适是倡导白话文、领导新文化运动的先驱。胡适不仅和徐志摩都拥有留学欧美的经历,对西方民主理念表示赞同,而且是哥伦比亚大学的校友。胡适回国后,他与徐志摩成为新月派的同道中人。1927 年,胡适与徐志摩同时受聘于光华大学,并且共同创办上海的新月书店和《新月》月刊。郁达夫是新文学团体创造社的发起人之一,又和徐志摩是中学校友,两人同时就读于杭州一中。在与徐志摩的交往中,赵家璧与胡适、郁达夫建立了合作关系。此后通过郁达夫的引荐,赵家璧又结识了在教育界和文化界均享有盛誉的蔡元培。新文化运动的领袖人物如蔡元培、胡适等对赵家璧的支持无疑提高了他的组稿

---

① 赵家璧:《写我故乡的一部长篇创作——罗洪旧作〈春王正月〉》,载上海鲁迅纪念馆编《赵家璧文集》第 2 卷,上海文艺出版社,2008,第 372 页。

实力和文坛影响，权威读本往往离不开编辑的精心策划和名家的联合创作。

在徐志摩离开上海之前，赵家璧已经在筹划《一角丛书》。徐志摩不仅把自己的文稿交给赵家璧出版，而且向他推荐了朋友的创作：陈梦家的《不开花的春天》，成为《一角丛书》中的第一本文艺创作；何家槐的小说，因分量多，1933年被编入《良友文学丛书》，即短篇小说集《暧昧》。由于徐志摩曾经在北京大学任教，与北平的作家们多有接触，为了方便赵家璧组稿，他又把北京的一些作家引荐给赵家璧。赵家璧回忆道："1935年5月底，……我第一次去北平组稿，见到了许多神交已久而初次见面的老作家，其中有几位是志摩生前的好友，如沈从文、冰心、周作人。"① 北平作家群是赵家璧作家队伍中很重要的组成部分，使赵家璧的组稿范围逐渐拓展至全国，使其编辑的作品风格更加多元化。

在地缘、学缘关系基础上组建的作家队伍，与编辑在文化心理上能够产生强烈的共鸣，他们与编辑在频繁的交流中互相启发创作灵感，合作关系较为稳定。

三 公共交往空间与作家资源

20世纪初，新兴的现代出版机构是个人发表书面言论并参与公共文化建设的重要场所，当时书刊的编辑、印刷和售卖业务统一由出版机构负责，并未分离，于是，出版机构便成为联结编辑、作家和读者的公共交往空间。良友公司规模不大，

---

① 赵家璧：《回忆徐志摩和〈志摩全集〉——纪念诗人逝世五十周年》，载上海鲁迅纪念馆编《赵家璧文集》第1卷，上海文艺出版社，2008，第390页。

在 1930 年代书业机构林立的上海是后起之秀，凭借现代的管理模式和出版理念在激烈的书业竞争中独树一帜。良友公司发挥其印刷技术的优长，画报出版成就尤其突出。赵家璧在良友公司的文学编辑岗位上逐渐与许多作家建立起合作关系，这种合作关系带有一定公共契约的性质。

良友公司的竞争优势在于对新文艺和新文化的传播，良友公司的《良友》《现代妇女》等刊物上常常设置文学栏目，赵家璧所负责的文艺图书编辑部显然要在传播新文艺方面承担更为重大的使命。良友公司聚集了一批与赵家璧一样对新文学充满热情的人士，有些与赵家璧是公司同事，有些是具有良好合作关系的作家，其中最值得关注的是郑伯奇、鲁迅和靳以。

郑伯奇曾经参加同盟会，在日本留学期间与郭沫若、郁达夫和田汉等人成立了创造社，1930 年，他与鲁迅、茅盾等人在上海成立了中国左翼作家联盟，是中国现代文学的奠基者之一。1932 年郑伯奇化名"郑君平"进入良友公司，他对赵家璧产生了深刻的影响。赵家璧通过社交广泛的郑伯奇先后结识了鲁迅、阿英、夏衍、周扬、丁玲、张天翼、茅盾、何为、楼适夷等作家，赵家璧在文艺图书出版方向上向左翼文学发生倾斜也是因为受郑伯奇的影响。赵家璧充满感激地回忆郑伯奇："他真是我的良师益友。也在他的教诲下，我开始读了一些过去不知道或是虽然知道却不愿花功夫去认真阅读的革命书籍，逐渐懂得了一点革命的道理。同时通过他的关系，认识了许多'文总'、左联、'社联'和其他进步作家。我的组稿对象一下子大大地开阔了，既充实了《一角丛书》的内容，又为以后编辑的各套文艺丛书打下了基础。对我来说，伯奇来后，一个崭新的活跃的组稿局面打开了，我作为编辑的活动天地扩大了。不久,在上海的进步出版界阵营中,便出现了'良友公司'这样一支引人注目的新军。"[1] 尽管郑伯奇与徐志摩的文学主张并不相同,但都是帮助赵家璧开发作家资源的关键性人物。赵家璧与郑伯奇的交往给予我们许多启示:编辑可以影响作家,决定其作品的传播效应,作家也可以影响编辑,拓宽其学术视野,塑造其文化品格。

鲁迅是新文化运动中的老将,又是左联的发起人之一,在文坛具有极大的号召力。赵家璧在郑伯奇的引荐下结识鲁迅后,鲁迅多次参与赵家璧的组稿工作:他的《竖琴》和《一天的工作》是《良友文学丛书》中最先出版的两种图书;他承担了《大系》中《小说二集》一册的编选任务;还为《木刻连环图画故事》和《苏联版画集》积极奔走,处理版权事宜、筛选画稿、设计版式等。鲁迅在新式标点使用、图书装帧、稿酬支付等细节上给予赵家璧宝贵的建议。更重要的是,鲁迅向赵家璧推荐了许多进步作家,赵家璧很快就组到了一批左翼作家的书稿,收录在《一角丛书》中的有丁玲、周起应(周扬)、钱杏邨(阿英)、沈端先(夏衍)等人的作品,被鲁迅推荐给赵家璧的青年左翼作家有周文、梵澄(徐诗荃)、葛琴、曹靖华等人。赵家璧感激鲁迅对自己的提携,视其为终身导师。在鲁迅精神的感召下,他成长为中国现代文学的积极传播者和守护人。鲁迅去世后,赵家璧常常徘徊于居所附近的鲁迅公园怀念鲁迅。他撰写了许多回忆鲁迅的文章,并将之结集出版成《编辑生涯忆鲁迅》一书。在赵家璧身后,他的所有藏书、文稿被捐献给上海鲁迅纪念馆,建成了"赵家璧专

---

[1] 赵家璧:《记郑伯奇在良友图书公司》,载上海鲁迅纪念馆编《赵家璧文集》第1卷,上海文艺出版社,2008,第412页。

库"，显示出赵家璧对鲁迅人文精神的继承和拓展。

赵家璧与靳以共事近一年（1936—1937年）。1935年，赵家璧在北平通过郑振铎的介绍，结识了靳以。随后，靳以和郑振铎分别设宴广邀朋友，把赵家璧介绍给北平的文学界朋友，有梁宗岱、沉樱、李健吾、萨空了、沈从文、俞平伯、萧乾、毕树棠、王熙珍、高滔等人。赵家璧和靳以的合作开始于《文季月刊》。当时，赵家璧一心想在做好文艺图书基础上，再出版一种有影响力的文学刊物，当时良友公司的文学期刊《新小说》和林语堂主编的《人间世》因销量减少或人事变动而相继停刊。当他得知靳以和郑振铎在北平合办的《文学季刊》也因种种原因遭遇停刊命运时，便向良友公司的经理余汉生建议把停刊的《文学季刊》转到上海来继续创办。在赵家璧的争取下，《文学季刊》迁来上海，出版周期从季刊改为月刊，并更名为《文季月刊》，由靳以和巴金负责具体编务。赵家璧与靳以的亲密关系并不仅仅表现在出版事业的互相扶持上，还体现在文艺观点的惺惺相惜上。据赵家璧回忆："我在组稿工作中，作者对象并不限于左翼作家，除属于国民党右派外，对所有进步的、爱国的作家的作品一样努力争取。靳以对我在组稿路线上的这一做法，有一次谈话中表示了支持和赞赏。……现在回忆靳以，记得我们在编辑的组稿方针上是有共同语言的。"[①] 靳以和赵家璧的交往是在中国新文学建设时期作家和编辑互相帮扶、互相信赖的写照。

马国亮和梁得所是《良友》画报鼎盛时期的主要编辑，他们是赵家璧的同事，也是赵家璧作家阵营中的重要成员。他

---

① 赵家璧：《和靳以在一起的日子》，载上海鲁迅纪念馆编《赵家璧文集》第2卷，上海文艺出版社，2008，第288页。

们有为良友公司服务的共同经历,《良友》画报的文化品位深深地影响了他们的文学倾向和编辑风格。

编辑与作家都是文学传播中不可或缺的主体因素,赵家璧与作家的广泛交往使他突破了资历的局限,增加了文学信息的汇聚及传播渠道,凝聚起最精英的文坛创作力量,共同致力于中国新文学事业的建设。赵家璧的撰稿队伍中不仅有蔡元培、胡适、鲁迅等新文学革命运动的领袖人物,而且有施蛰存、徐志摩、沈从文、老舍、冰心、丁玲等遍布大江南北、分属各家流派的作家,其撰稿队伍几乎是当时中国新文学创作力量的总展示。尽管1930年代许多作家都参与创办出版机构,但大多囿于门户之见而常常有所褒贬和扬弃。因此,在当年众多的文学编辑中,能拥有如此庞大而精良作家队伍的编辑真可谓凤毛麟角。赵家璧作家资源的构成体现了他开放而包容的学术襟怀,其作家资源成为撰写中国现代文学的"信史"的基础。

四 作家资源与作品质量

在现代出版技术条件下,文学作品大多凝聚着作家与编辑的共同劳动。人常说,"巧妇难为无米之炊",文学编辑的工作性质就是对作家的创作进行二次创造,一旦失去作家资源,文学编辑的工作也将陷入困顿。因此,文学编辑应当在特定选题创意的指导下,合理利用作家资源,调动其文学生产力,团结一致创造文学精品。赵家璧既是编辑,也是社会活动家,和广大作家保持着长期良好互动。叶圣陶评价他是"邀约能手"[①],充分肯定了赵家璧在组织作家进行目标性创作方面的

---

① 赵家璧:《忆往事,学叶圣老——庆贺叶圣陶先生九十寿辰》,载上海鲁迅纪念馆编《赵家璧文集》第2卷,上海文艺出版社,2008,第328页。

能力。当《一角丛书》不受读者关注时，为了扭转局势和扩大丛书的选题范围，在没有朋友引荐的情况下，赵家璧凭着"初生之犊不畏虎的勇气和一股干劲"①主动向名家求援，约来了胡愈之、罗隆基等人的稿件。作家是编辑在事业上前进的基石，赵家璧和老舍、阿英、茅盾、胡愈之、叶圣陶等作家的友谊维持了一生，成为彼此事业上的好伙伴。赵家璧和老舍合作开办的晨光出版公司，成为他文学编辑事业的第二个高峰。赵家璧凭借出色的人际交往能力赢得了作家们的认可和信任，保证了稿件的源源不断；而优秀的作家队伍也为赵家璧策划的文学图书产品赢得了广泛的赞誉——作品是强大的作家群体创造出来的。当被问起为什么自己编的书能够成为经典时，赵家璧说："大概是因为自己非常幸运地结识了一群非常优秀的作者，是他们保证了书籍的质量。"②作家队伍与作品质量之间存在正向相关的关系，因此赵家璧所编辑的文学图书能够成为中国现代文学的"善本"。

赵家璧在选题策划之初为《良友文学丛书》定下的原则是只收一流作家作品。这套丛书的作者阵容中的鲁迅、巴金、老舍、叶圣陶、施蛰存、沈从文……都堪称一时俊彦，连赵家璧本人都充满自豪地说："中国现代文学史上的有代表性的作家，差不多都为这套丛书写过书，而他们之中又包括当时的各个地区、各种流派的作家，这是这套丛书的一大特色。"③这套丛书严格遵循名家精品路线，体现了编辑的话语权，显示出

---

① 赵家璧：《哀胡愈老》，载上海鲁迅纪念馆编《赵家璧文集》第2卷，上海文艺出版社，2008，第322页。
② 臧杰：《天下良友》，青岛出版社，2009，第120页。
③ 赵家璧：《编辑生涯自述》，载上海鲁迅纪念馆、上海文艺出版社编《赵家璧先生纪念集》，上海文艺出版社，1998，第317页。

赵家璧确立经典作品和文坛权威的强烈意图。对于初露锋芒的年轻作家，赵家璧另辟《良友文库》予以收纳，对两部丛书的定位进行严格区分。周文的《父子之间》虽经鲁迅推荐，赵家璧也只将其收在了《良友文库》。国民党图书审查委员会的审查官项德言，以"鲛人"为笔名完成了小说集《三百八十个》，要求编入《良友文学丛书》。赵家璧在稿费、装帧规格上都使这本书不低于《良友文学丛书》，却不允许将之编入这套丛书。对丛书的内容和质量严格把关，体现出赵家璧在管理作家队伍时的严谨态度，这是对作家和作品最大的尊重，也是维护丛书特色的重要原则。

《良友文学丛书》在"八一三"战役前，共出版39种，另有4种编入《良友文学丛书特大本》丛书，可归并为同一系列，共计43种。具体列表如下。

作者名	作品名	作者名	作品名
鲁迅	《竖琴》	何家槐	《暧昧》
巴金	《雨》	鲁迅	《一天的工作》
张天翼	《一年》	篷子	《剪影集》
丁玲	《母亲》	老舍	《离婚》
施蛰存	《善女人行品》	沈从文	《记丁玲》《记丁玲续集》
老舍	《赶集》	陈铨	《革命的前一幕》
张天翼	《移行》	郑振铎	《欧行日记》
靳以	《虫蚀》	茅盾	《话匣子》
巴金	《电》	侍桁	《参差集》
丰子恺	《车厢社会》	凌叔华	《小哥儿俩》
沈起予	《残碑》	巴金	《雾》
周作人	《苦竹杂记》	徐志摩	《爱眉小札》

续表

作者名	作品名	作者名	作品名
朱光潜	《孟实文钞》	郁达夫	《闲书》
谢冰莹	《一个女兵的自传》	俞平伯	《燕郊集》
叶圣陶	《四三集》	赵家璧	《新传统》
郑伯奇	《打火机》	沈从文	《新与旧》
丁玲	《意外集》	王统照	《春花》
鲁彦	《河边》	杜衡	《漩涡里外》
茅盾	《烟云集》	鲁彦	《野火》
张天翼	《在城市里》		
(以下4种为特大本)			
张天翼	《畸人集》	巴金	《爱情三部曲》
沈从文	《从文小说习作选》	鲁迅等	《苏联作家二十人集》

《良友文学丛书》成为当时文坛的明星图书,许多媒体对它进行了高度评价,肯定了它的文学价值。《申报》评论说:"良友图书公司创办的《良友文学丛书》,是在这文学园地荒芜的中国,散布了有力的种子,开放了灿烂的花葩。"[①]《现代》杂志评价说:"《良友文学丛书》是1933年中国文坛上最大的贡献。"[②]《时事新报》的评语是:"过去出版界上所出的新书,在量的方面可算不少,但求其质的良善,实不多观。《良友文学丛书》确为中国出版界创一新纪录。"[③] 直至今天,《良友文学丛书》由于创作质量之高和装帧印刷之精美,成为

---

① 马国亮:《家璧和我》,载上海鲁迅纪念馆、上海文艺出版社编《赵家璧先生纪念集》,上海文艺出版社,1998,第12页。
② 马国亮:《家璧和我》,载上海鲁迅纪念馆、上海文艺出版社编《赵家璧先生纪念集》,上海文艺出版社,1998,第12页。
③ 马国亮:《家璧和我》,载上海鲁迅纪念馆、上海文艺出版社编《赵家璧先生纪念集》,上海文艺出版社,1998,第12页。

在中国现代文学史和出版史上闪耀着永恒光辉的一部丛书，它见证了赵家璧与现代文学作家的广泛交往，是编辑与作家合作成果的典范。

第二节　赵家璧与徐志摩作品的流传

徐志摩的作品并没有随着他的英年早逝而飘散，是与赵家璧对他作品的编辑和传播有很大关系的。徐志摩以新诗和散文成就而在中国现代文学史上占有一席之地，他在剑桥留学时深受西方教育的熏陶，尤其受到欧美浪漫主义和唯美派诗人的影响，诗文字句清新，想象丰富，意境优美，追求形式的整饬、华美，具有鲜明的艺术个性。他是新月派的发起人和代表作家，并且在北京主编《晨报》副刊《诗镌》时与闻一多、朱湘等人开展新诗格律化运动，深刻影响了中国新诗艺术的发展。

徐志摩在赵家璧的文学道路上发挥着重要作用，他引导赵家璧对西方文学进行研究，还把文学界的朋友引荐给赵家璧，支持他的编辑事业。徐志摩和赵家璧结缘于文学：1928年，赵家璧发表在光华中学校刊上的几篇介绍外国文学作家的文章，引起了当时执教于光华大学的徐志摩的注意，他把赵家璧找去进行了第一次谈话，针对他的文章进行了交流。赵家璧升入大学后，对徐志摩很感兴趣，几乎选了他开设的所有课。徐志摩不仅指点他研读文学书的方法："文学不比数学，需要层次进展。文学的园地等于一个蜘蛛网，如有爱好文学的素养，你一天拉到了一根丝，只要耐心地往上抽，你就会有一天把整个蛛网拉成一条线。我自己念书，从没有一定的步骤，找到一

第二章 开拓作家资源

本好书，这本书就会告诉你别的许多好书。"① 徐志摩还教导他从西方音乐和绘画中培养艺术性灵，从而提升对西方文学的鉴赏力："要能真正欣赏西洋文学，你就得对西洋绘画和古典音乐具有心灵上的相当训练，这是一条大道的两个旁支。你们研究文学，决不应放弃这两位文学的姊妹——绘画与音乐，前者是空间的艺术，后者是时间的艺术，同样是触动着性灵而发的。"② 这些教导培养了他的审美趣味，启发了他文学编辑中的艺术灵感。

在徐志摩遇难后，赵家璧基于他与徐志摩的私人情感和中国新文学建设的公共责任，立刻投入对徐志摩遗著的收集、整理、编纂工作，避免了文学财富的重大损失。在屡遭政治风潮冲击的中国文坛，徐志摩一度是被批判的对象，如今他的作品历久弥新，不仅得到广泛流传，而且成为研究热点。赵家璧是最早参与整理徐志摩遗著的专业编辑，诗人徐志摩的才华固然是他享有盛誉的主要原因，但也不可否认，赵家璧编辑劳动的付出对徐志摩作品的传播和徐志摩文学地位的确立产生了重要作用。

一 《志摩全集》：《徐志摩全集》的最早版本

已经得到学界认可的不争事实是，赵家璧是第一个对徐志摩遗著进行系统整理的专业编辑。赵家璧和徐志摩情谊深厚，赵家璧多年执着于整理恩师徐志摩的遗著，徐志摩的作品因此而得以最大限度保存和流传，成为中国现代文学史上闪光的

---

① 赵家璧：《徐志摩和〈志摩全集〉——纪念诗人逝世五十周年》，载上海鲁迅纪念馆编《赵家璧文集》第1卷，上海文艺出版社，2008，第376页。
② 赵家璧：《徐志摩和〈志摩全集〉——纪念诗人逝世五十周年》，载上海鲁迅纪念馆编《赵家璧文集》第1卷，上海文艺出版社，2008，第377页。

篇章。

徐志摩与赵家璧很早就有出版合作。1931年,赵家璧大学还没有毕业,他兼职在良友公司策划的《一角丛书》也刚刚起步,丛书中的许多作者就是赵家璧通过徐志摩引荐而结识的。徐志摩原答应把他在暨南大学写过的一篇原题为《秋声》的演讲稿件交给赵家璧,更名为《秋》,另外加一篇散文做成一册,收入《一角丛书》。但赵家璧尚未等来另一篇散文,徐志摩便在当年的冬天遭遇空难离世。消息传来,赵家璧出于对恩师的感戴和职业的敏感,首先想到的就是"尽快把他留在我手中的遗作《秋》送到读者手中"①。为了表达对恩师的怀悼之情,赵家璧亲笔撰写了纪念文章《写给飞去了的志摩》,与原有的《秋》合成一册作为《一角丛书》的第13种图书出版。该书出版的时间距离徐志摩去世不到10天,在1930年代的出版条件下,这是最快的出版速度,成为全国纪念徐志摩活动的先声。

赵家璧出版的这本《秋》在文学史上具有很高的学术价值,直到现在,学界依然认为徐志摩的最后一篇散文,有据可查的就是这篇《秋》。这篇文章透露出诗人最后几年的真实情感,是研究徐志摩生平及思想的重要依据。徐志摩生前曾叮嘱赵家璧要把这篇文章同另外一篇参看:"这篇文章应当与《落叶》并读,因为其间有联系,也有差别;是不同时期的两篇演讲稿,但从中可以看出我一点相同的思想。"②茅盾和穆木天写过文章评论徐志摩的文学成就,他们从《秋》中看到了

---

① 赵家璧:《徐志摩和〈志摩全集〉——纪念诗人逝世五十周年》,载上海鲁迅纪念馆编《赵家璧文集》第1卷,上海文艺出版社,2008,第389页。
② 赵家璧:《徐志摩和〈志摩全集〉——纪念诗人逝世五十周年》,载上海鲁迅纪念馆编《赵家璧文集》第1卷,上海文艺出版社,2008,第380页。

徐志摩晚期因个人情感和革命形势而起的感伤心情。《秋》是徐志摩于1929年在上海暨南大学的讲演,《落叶》是于1924年秋在国立北平师范大学①作的讲演,尽管两篇文章都以欢呼式的英语"Everlasting yea!"结尾,但《秋》晚于《落叶》,《秋》中悲观、失望、伤时悼世的色彩更为浓烈。他在对中国当时混乱、颠倒的现状进行批判之后,提出了一个看似幼稚的革新方案,那就是,在中国打破知识分子和农民的界限,打破江浙人和北方人的界限,"尽量通婚"以改善我们的民族,使"将来的青年男女一定可以兼有士民和农民的特长,体力和智力得到均平的发展"②。这表明徐志摩虽有爱国救国的热忱,却害怕暴力革命,受到时代与出身局限性的影响,比较向往英美式的德谟克拉西精神。

在《秋》出版后,徐志摩的遗孀陆小曼提出了编印徐志摩作品全集的想法。陆小曼与赵家璧商议,把她手中收藏的徐志摩的其他遗稿、日记和书信之类整理出来,如有可能,甚至可以把徐志摩所有的作品合成全集找机会出版。1930年代中期,在五四时代成名的新文学作家大多都还处在盛年,不适宜出全集。郁达夫虽出过所谓的全集,但由于文稿收集得不齐全,这个所谓的全集并不能算作严格意义上的全集,如果徐志摩的全集得以编辑出版,那么它将是新文学作家的第一本真正的全集,具有开创性的意义。赵家璧在带着全集的编辑设想去向作家朋友们征询意见时,大家除了表示支持,还贡献了不少建议。茅盾认为徐志摩在中国现代文学史上极具代表性,尤其是新诗成就无人能及,为这样的人物出全集,非常有价值,会

---

① 说明:1929年,名为国立北平师范大学,即现在的北京师范大学。
② 徐志摩:《秋》,良友图书印刷公司,1936,第72页。

为后来研究者提供很大的方便。他还建议,要尽力搜集诗人的信札、日记,因为它们最能反映诗人真实的内心情感和日常生活,尽快把"第一部现代作家全集"① 编出来。于是在征得良友公司负责人的同意后,从1935年起,赵家璧和陆小曼着手拟订编选大纲,正式启动了《志摩全集》的编辑工作。

赵家璧把这部书看作"'五四'以来现代文学家的第一部全集"②,十分重视,制订了周密的编辑计划:把徐志摩已发表与未发表的著作,分别编作诗集1卷,散文集4卷,小说集1卷,戏剧集1卷,书信集2卷,日记集1卷,共10卷。赵家璧和陆小曼一起投入徐志摩遗稿的编辑工作,向徐志摩的亲友发出诚挚的请求,广泛征集徐志摩的书信。徐志摩的作品除了一部分已经出版成书之外,其余散落在各种报刊上,需要对此搜寻出处和商洽版权,这是一项很艰巨的任务。当时陆小曼卧病在床,搜集文稿的工作实际上大多是赵家璧完成的。陆小曼满怀感激地说:"这不是简单的事,幸而家璧帮助我收集,许多时候才算完全编好,一共是十本。"③ 可以想见,赵家璧为全集的编选出力很多。按照他的计划,这些书于1936年下半年就可以陆续出版。

遗憾的是,徐志摩的书稿在动荡的时局中屡次易手,其出版计划也被长期搁置。

经赵家璧精心整理的徐志摩的全集文稿,在迟到约半个世纪后,才于1983年由商务印书馆在香港出版。此后,世界各

---

① 赵家璧:《徐志摩和〈志摩全集〉——纪念诗人逝世五十周年》,载上海鲁迅纪念馆编《赵家璧文集》第1卷,上海文艺出版社,2008,第391页。
② 赵家璧:《商务版〈徐志摩全集〉序》,载上海鲁迅纪念馆编《赵家璧文集》第2卷,上海文艺出版社,2008,第94页。
③ 陆小曼:《陆小曼自述自画》,中国青年出版社,2013,第167页。

地陆续出版了多个徐志摩作品的全集。台湾传记文学社于1969年出版的《徐志摩全集》是由徐志摩的儿子徐积锴在梁实秋与蒋复聪的协助下完成的，中央编译出版社于2013年引进了这个版本，从中可以看出，所收日记部分，就是赵家璧在良友公司编辑出版的《爱眉小札》和在晨光编辑出版的《志摩日记》的影印本，显而易见，赵家璧为徐志摩作品的流传制作了基础模板。时至今日，赵家璧亲自为恩师徐志摩出版全集的心愿再也无法实现，但是人们不会忘记，徐志摩的作品全集作为中国现代文学作家的第一部真正意义上的全集，是赵家璧最早进行编辑整理的。

二 《爱眉小札》：真迹手写影印本的典范

1936年是徐志摩诞辰40周年，赵家璧出版了《爱眉小札》以示纪念，无论是从内容还是出版手法上看，《爱眉小札》都具有很高的文献价值。《爱眉小札》原是徐志摩记录他和陆小曼两个人初恋生活的日记本的名称，展示了两个人挣脱封建枷锁、追求自由婚姻和美好爱情的心路历程。这本日记在出版时增加了书信等内容，原本要收入徐志摩的全集，但由于全集的出版权转移给了商务印书馆，赵家璧在与陆小曼商议后，就决定先出版这部日记，收入《良友文学丛书》中。为了在篇幅上能符合丛书的要求，陆小曼就把他和徐志摩的另一部分文字加进去，合成一集。具体内容有：徐志摩于1925年9月前后的日记26则，他3月至5月写给陆小曼的书信11篇，还有陆小曼3月至7月的日记20则。赵家璧为这本书策划了两个版本，一种为真迹手写本，用影印技术把手稿印出，首印100册，显得特别精美、庄重和珍贵；另一种为丛书铅印本，把手稿文字以铅字形式印出，在版面装帧方面与《良友文学丛书》保持一致。赵家璧高度的职业敏感使他为这本书设计出两种印刷和装帧的方式，两种版本用来满足读者的不同阅读需求。真迹手写本成为文化领域的热销商品，在初印100册脱销之后，又加印了200册，远远超出了赵家璧的预估。

《爱眉小札》是徐志摩挣脱封建礼教而追求自由爱情的写照，彰显着他理想主义的人生观。胡适评价徐志摩说："他的人生观真是一种单纯的信仰，这里面只有三个大字：一个是爱，一个是自由，一个是美。"[①]《爱眉小札》所展示的徐、陆二人在爱情上的抗争代表了新文化运动以来中国新型的婚恋观。徐志摩主张爱情是光明正大的，应当勇敢地吐露，并且生前就有发表这本日记的心愿。赵家璧撰写广告向广大读者推荐，重点说明了这本书的出版价值："每一个诗人的日记和情书是他生活中最真实宝贵的记录；因为这里暴露了作者真实的内心，显示了灵魂深处的私密，所以这种写来给自己看或给某一个人看的日记和情书，大都不肯轻易发表，而为了爱好他的作品因而想探求作者私人生活的读者，就最喜欢读这些东西。"[②]日记、情书等私人文字材料不轻易得，"物以稀为贵"，这本书很快成为当时的畅销书，100本真迹手写本被抢购一空，丛书铅印本初印3000册也很快脱销，赵家璧在选题和营销方面的努力得到了回报。《爱眉小札》体现了徐志摩的浪漫主义情怀和纯真的爱情理想，它的出版和广泛流传在很大程度上影响了世人对徐志摩艺术个性和人生理想的评判。

《爱眉小札》的真迹手写本记录了诗人最真实的书写状

---

① 胡适：《追悼志摩》，《新月》1932年第3期。
② 《爱眉小札》（广告），《良友》1936年第114期。

态,正如赵家璧所说的那样:"志摩先生之《爱眉小札》,写在一本用北京连史纸订的线装簿上,字迹美丽,笔触清秀。而且因为在恋爱期中,喜怒哀乐的心绪不同,他的字迹,也因之而各异。"① 作为《爱眉小札》亲笔原稿的直接化身,真迹手写本保存了它最原始、最可信的面貌,因而具有其他任何版本都无可替代的文献价值,成为以后各个排印本的祖本。人们可以从各种版本之间字句的异同,考证各版本对具体细节的处理原则,并评判其编校质量。为避讳人名或某些不宜于公开的情节,赵家璧在出版手稿时在真迹之上作了遮盖,因此,书中空行与空格多有出现,似乎显得不那么美观和真实。但是瑕不掩瑜,《爱眉小札》的真迹手写本在图书的文学价值基础上增加了收藏价值,是中国现代文学史上真迹手写本的典范。良友于1936年出品的真迹手写本散落于民间,成为近年来收藏界追逐的焦点。

除了真迹手写本和丛书铅印本,赵家璧还为《爱眉小札》出版过其他三种版本:一是于1939年初出版的《良友文学丛书》普及本;二是于1943年2月在桂林出版的平装32开本;三是于1946年赵家璧在主持晨光出版公司期间出版的版本,书名改为《志摩日记》。晨光版《志摩日记》增加了新的内容,可算作《爱眉小札》的增补本。增加的内容有《小曼日记》,徐志摩的日记《西湖记》和《眉轩琐语》,还有一部纪念册。纪念册名为《一本没有颜色的书》,原是徐志摩和陆小曼供朋友们题字题画的小本子,从中可看出徐志摩周围民国文人的社会交往图景,真可谓"谈笑有鸿儒,往来无白丁"。其中题写诗画者有胡适、闻一多、泰戈尔、杨杏佛、林风眠、俞

---

① 《爱眉小札》广告,《良友》1936年第114期。说明:广告标题一般没有,只能依据内容,做这样的脚注。

平伯、顾颉刚、邵洵美、章士钊等人,集文学艺术界一时之精英。虽然每个人在这本纪念册上留下的不过是寥寥几句诗,或淡淡几笔画,但它们都是这些文人在轻松愉快的心境下毫无拘束地为朋友留下的,显得特别生动流畅,表现了各自的艺术个性,是20世纪初中国知识分子交游生活最生动的写照。对于每一版的《爱眉小札》,赵家璧都亲自撰写广告文案、发布书讯,从这些宣传文字和图书的不同版本中,我们可以看到赵家璧对徐志摩深情的怀念,也可以看出不同时期文化环境的变化,它们是研究中国现代文学图书版本的珍贵资料。

赵家璧对保存和传播徐志摩的作品做出了许多努力,《志摩全集》和《爱眉小札》凝聚了赵家璧的编辑辛劳,成为对于徐志摩的研究中不可或缺的文献。赵家璧对徐志摩遗著的整理和出版,既出于对恩师的感念、怀悼的私人情感,也出于对徐志摩思想和作品价值的公正评价。由赵家璧组织编纂、朱自清负责编选的《中国新文学大系·诗集》共收入徐志摩诗作26篇,数量仅次于闻一多(收入诗作29首),这充分肯定了徐志摩的诗歌成就。出版是在现代社会中作品发表及传播的重要手段,赵家璧对徐志摩作品的及时整理与出版,扩大了徐志摩的文学影响,为确立徐志摩在中国现代文学史的地位做出了基础性贡献。

第三节 赵家璧与左翼文学的突围

如前所述,文学传播总免不了来自政治、市场等文学场外部因素的干预,因此,优秀的文学编辑不仅需要敏锐的学术眼光,还需要勇于争取文学自主性的胆识。左翼作家在1930年代遭到了国民党反动政府的全面封锁，受鲁迅、郑伯奇等左联领袖的影响，赵家璧认识到左翼作家是时代发展中的进步力量。于是，在国民党进行文化"围剿"的恶劣环境中，赵家璧迎难而上，编辑出版大量左翼文学作品，帮助左翼作家成长和突围，义无反顾地担当起传播进步文艺的历史使命。

一　赵家璧的文化反"围剿"

南京国民政府建立后，国民党在对工农武装进行"围剿"的同时，对进步文化也进行"围剿"，最首要的措施就是剥夺进步文化的出版自由。但是，进步的文化通过艰苦的斗争依然顽强地生存并壮大，尤其是在1930年代，以上海为中心的左翼文化运动蓬勃兴起，这是最有力的反"围剿"。

1930年代左翼文学的繁荣缘于读者大众的需求，"禁果效应"更加强化了这种需求。心理学上所称的"禁果效应"，是指由于信息被禁止传播或经掩饰改写后传播而导致的受众的逆反现象——一旦信息的传播活动受到人为遏制，就会激发信息需求者更强烈的获知欲望，他们会突破封锁，利用一切渠道获取被隐藏的信息。在文学传播活动中，"禁果效应"体现在人们对"禁书"常常充满好奇心和探求欲，"在许多作家和读者那里，越是限制，反叛的意识越是强烈；越是查禁，表达的愿望和阅读的兴趣越是强烈"[1]。在大革命后，社会出现政治焦虑，左翼文学作品在读者、社会、作者之间产生共鸣，这培养了大批读者。而政府对左翼文学的查禁成了一种刺激因素，甚至连国民党中央宣传部在报告中也称"而本会之禁令，反成

---

[1] 吴效刚：《论民国时期查禁文学》，《中国现代文学研究丛刊》2012年第11期。

反动文艺书刊最有力量之广告"①。1930年代政府的查禁行为所产生的"禁果效应",反而在客观上帮助左翼文学提升了社会价值,使广大读者转变为反"围剿"斗争的拥护者。

赵家璧在反"围剿"的斗争中,扮演着多种角色:作为政治系统中的守法公民,他必须遵守政府文化出版方面的规定与禁令;作为现代出版企业的一名职工,他必须尽职尽责完成出版任务,保证公司业务的正常运转;而作为文学编辑队伍中的一员,他又必须有敏锐的文学鉴别能力和长远的历史眼光,尽其所能去传播有进步意义和较高艺术水准的文学作品。尽管赵家璧一向以"不问政治"自居,但实际上他作为一名有胆识、有良知的出版人,面对国民党政府在文化上的严苛律令,满怀对左翼文学的同情,绝不会坐以待毙,这就是他的政治态度。当国民党在军事和文化上同时对左翼势力进行"围剿"的时候,赵家璧在鲁迅和郑伯奇的带领下,一次次突破封锁,对左翼作家给予了坚定有力的支持。

早在1931年,赵家璧策划的《一角丛书》中就已经有了左翼作家,如林伯修、沈端先、丁玲、郑伯奇、阿英、张天翼、沈起予等的身影,他们的作品体裁也较为多样,小说、散文、报告文学和文艺理论都有出版。丁玲的《法网》用下层民众之间的恩怨故事来控诉那个给他们命运带来灾难的社会制度,郑伯奇的《宽城子大将》用汉奸罪有应得的可悲结局来影射国民党政府,这两部作品分别被冠以"宣传普罗文学""鼓吹阶级斗争"的罪名加以查禁。钱杏邨在《创作与生活》中表达了"文学作品是认识世界改造世界的有力武器"的观

---

① 《国民党各省市党部关于"取缔反动书刊"等的报告》,载陈瘦竹编《左翼文艺运动史料》,南京大学编辑部,1980,第326页。

点，号召作家"必须到劳苦大众中去，走向工人，走向农村"，并提醒作家们重视报告文学的写作，《创作与生活》也被政府认为是普罗文艺而加以禁止。从此以后，良友公司再也不是一片清静的乐土，而是开始受到国民党文化特务的特别"关照"，出版进步文学作品总要承受很大的政治风险。但赵家璧并未退缩，而是以更坚定的态度和更智慧的手段与国民党文化特务进行针锋相对的斗争。左翼主力干将郑伯奇曾批评《一角丛书》的内容和作者结构都太复杂，不那么令人满意。其实，扩大丛书选题范围，是赵家璧在文化"围剿"的大形势下采取的权宜之计，他说："因为如果不那样做，良友作为一个主要出版进步文艺书籍的据点，在白色恐怖的恶劣环境中，是不可能存在下去而不遭破坏的。"① 事实证明，赵家璧的这种做法是十分明智和必要的。

赵家璧还为左翼青年作家出版过专门的中篇创作丛书。《大系》由名家联袂编选，承担编选任务的鲁迅、郑伯奇、郭沫若等人一度是国民党政府审查的重点。赵家璧的机智应对，终于使这部伟大的经典能够在最大程度上遵照原定计划出版。1935年，《大系》顺利出版，这是在文化战线上反"围剿"的重大成果，与1935年共产党在遵义会议的重大决策形成了良好的呼应，为军事与文化两个方面的反"围剿"做出了重大贡献。

赵家璧以文学编辑岗位为阵地，通过出版进步文艺、支持左联作家等无声的行动来表达他对国民党文化禁令的反抗。学者黄源认为："赵家璧是在'共产党在国民党统治区域内的一

---

① 赵家璧：《话说〈中国新文学大系〉》，载上海鲁迅纪念馆编《赵家璧文集》第1卷，上海文艺出版社，2008，第284页。

切文化机关中毫无抵抗力的地位'时起了抵抗作用的。"① 赵家璧在 1950 年代回顾往事时自剖心迹，关于当时出版左翼作家作品的动机，他是这么描述的："当时上海一般出版社都不敢出版进步作家的作品，而我便利用了伍联德对我的信任，国民党对良友公司的忽视，在四年之中，（一九三二年九月起到一九三六年八月止）大刀阔斧地出版了十几套丛书，二百五十多种新书，极大部分都是当时人民所喜爱的左翼联盟的作家和其他进步作家的作品。这对当时青年读者起了一些进步性的教育作用。而我的另一企图是要使良友图书公司从一家默默无闻的画报出版社，成为和生活书店同样是一个出版进步文艺书籍的有地位的出版社。"② 由此可以看出，出版左翼作家作品既符合赵家璧传播进步文艺的原则，又是提高出版社社会影响力的必要措施。赵家璧以政治立场相对中立的良友公司为掩护，帮助左翼作家实现了文化突围。

二 赵家璧的左翼文学编辑成果

赵家璧在 1930 年代编辑出版的左翼作家作品体现了编辑与作家在反"围剿"斗争中的默契合作，赵家璧以非左翼的身份参与了左翼文学的传播。中华人民共和国成立后，左翼作家在政治上和文学上赢得了普遍的尊重和获得了合法的地位，他们当年在文化反"围剿"中的行为成为光辉的历史资本。而不太为人们所关注的是在作品背后默默奉献的文学编辑，赵

---

① 黄源：《忆念在反文化"围剿"中的老战友赵家璧》，载上海鲁迅纪念馆、上海文艺出版社编《赵家璧先生纪念集》，上海文艺出版社，1998，第 12 页。

② 赵家璧：《生平自传（1908—1953）》，载赵家璧编《书比人长寿——编辑忆旧集外集》，中华书局，2008，第 168 页。

家璧具有长远的历史眼光和卓越的艺术鉴别力,他的左翼文学编辑成果增强了左翼文学的生命力。

1932年,赵家璧策划了《良友文学丛书》,其中集结了大批左翼作家,陆续收入了郑振铎的《欧行日记》、靳以的《虫蚀》、郑伯奇的《打火机》、谢冰莹的《一个女兵的自传》、郁达夫的《闲书》、张天翼的《一年》和《移行》、茅盾的《话匣子》和《时间的记录》等。这批作品具有很高的艺术价值,至今仍散发着经典的光芒。

赵家璧的文学编辑事业得到了鲁迅的大力支持。赵家璧在考虑这部丛书的组稿作者时,"第一个想到的作者,当然是最受进步读者爱戴、左翼作家联盟的旗手鲁迅"[1]。1934年,国民党中央党部加紧查禁新文艺作品,连鲁迅的由1927年以前自己的旧作选编而成的《自选集》都未能幸免,这让鲁迅感到十分压抑,对恶劣的出版环境充满了愤怒。所以,当赵家璧向鲁迅发出约稿邀请时,鲁迅一边自嘲式地提醒赵家璧:"你们最好回去向老板说清楚,出鲁迅的书是要准备有人来找他麻烦的",一边则对赵家璧迎难而上的精神表示了肯定:"现在上海出好书的书店实在不多……良友愿意这样做,我倒是可以尽力帮忙的。"[2] 在赵家璧坚持不懈的争取下,鲁迅在良友公司出版了《新俄小说家二十人集》,分为上、下两册。除了上册鲁迅撰写的前记被审查会强令删去外,整部书得以顺利出版。上册以《竖琴》命名,下册以《一天的工作》命名,这为《良友文学丛书》开了路,分别成为丛书的前两本。这两

---

[1] 赵家璧:《回忆鲁迅给"良友"出版的第一部书——关于〈苏联作家二十人集〉》,《新文学史料》1981年第2期。

[2] 赵家璧:《回忆鲁迅给"良友"出版的第一部书——关于〈苏联作家二十人集〉》,《新文学史料》1981年第2期。

本著作是赵家璧帮助鲁迅突围的成果,后人评价说:"这是赵家璧在反文化'围剿'中做出的第一次实际贡献。"① 赵家璧邀请鲁迅做《大系》的编选者,也遭到了审查机关的刁难,被特别要求将鲁迅换成别人。从这些图书艰难的出版过程,我们可以看出赵家璧灵活多变的编辑策略和甘冒风险支持进步文艺的决心,赵家璧成为鲁迅及其他左翼作家十分信赖的青年编辑。

丁玲收在《良友文学丛书》中的一部作品是未完稿的《母亲》,这本书的出版也历尽波折。丁玲时常向文学界的朋友们提起,她的母亲是在没落的封建地方家庭中具有代表性的女性革命典型,很值得书写。赵家璧获悉丁玲的这一写作计划后,便主动向她约稿。丁玲每写完一章就交给赵家璧,到1933年4月已经写完4章约8万字,预计再有两三万字即可脱稿成书了。不幸的是,丁玲在这时被国民党特务绑架了,成为轰动一时的大事件。左联和许多其他进步人士纷纷在报刊上发声,声讨国民党的恶劣行径,并倡议组成救援团解救丁玲。杨杏佛原是积极主张解救丁玲的,不料竟因此遭到暗杀。虽然斗争形势如此严峻,赵家璧却并没有放弃支持丁玲。鲁迅认为出版进步文艺作品,是"对国民党的一种斗争方式"②,他建议赵家璧尽快出版丁玲这部未完结的长篇小说,争取时间,大力宣传,以作为对国民党的反击。赵家璧紧急行动起来,在短短几天内完成了出版,并在《时事新报》、《申报》和《现代》

---

① 黄源:《怀念在反文化"围剿"中的老战友赵家璧》,载上海鲁迅纪念馆、上海文艺出版社编《赵家璧先生纪念集》,上海文艺出版社,1998,第4页。

② 赵家璧:《重见丁玲话当年——〈母亲〉出版的前前后后》,载赵家璧编《编辑忆旧》,中华书局,2008,第53页。

第二章　开拓作家资源

上广为宣传。尽管丁玲人身不得自由，但《母亲》一书在赵家璧的帮助下突出重围，传达了作家的心声。这本未完稿的小说竟成为风行一时的畅销书，第一版印刷4000册，一个月内便销售一空，几次加印后累计销量近1万册。在作者遭囚禁的白色恐怖之下，这个销量堪称奇迹，充分显示了以丁玲作品为代表的左翼文学的社会影响力。

赵家璧也特别注重对左翼作家新生力量的培养，他在1936年出版过一套丛书，名为《中篇创作新集》，收录了当时尚未成名的一批左翼青年作家的中篇创作，展示了左翼文学新生代的发展潜力。由于初版印数不多，再加上战乱接踵而至，这套丛书已经成为珍品。这套书的创意来自张天翼，他建议赵家璧：以往良友公司的各套丛书的作家队伍几乎都很庞杂，并且大多以成名的老作家为主力，不如另辟蹊径，编一套较为纯粹的由青年作家组成的丛书。他甚至向赵家璧推荐了左联的几位高水平的新人，只是担心"良友敢不敢出"[①]。由于1936年国民党审查委员会的解散，进步文艺有了进一步壮大的空间，赵家璧认为这正是扶持左联新苗作家的好机会。赵家璧很快积极行动起来，当年9月丛书中的第一批已经策划完成，10月便陆续出版了艾芜的《春天》，该书成稿于1936年的12月，1937年的1月就已经问世，速度十分惊人。艾芜感慨地说："快些出书，对作家能起鼓舞作用的。"[②] 赵家璧对青年作家的

[①] 赵家璧：《三十年代的革命新苗——专为左联青年作家编印的〈中篇创作新集〉》，载上海鲁迅纪念馆编《赵家璧文集》第1卷，上海文艺出版社，2008，第325页。

[②] 赵家璧：《三十年代的革命新苗——专为左联青年作家编印的〈中篇创作新集〉》，载上海鲁迅纪念馆编《赵家璧文集》第1卷，上海文艺出版社，2008，第329页。

积极扶持,激发了他们的创作热情,壮大了左翼文学的后继力量。

在赵家璧策划的众多丛书中,《中篇创作新集》的特点十分突出:《良友文学丛书》和《良友文库》两部丛书是能约到什么稿就出版什么稿,经年累月才逐渐形成规模;《中篇创作新集》则与《大系》有相同的编辑步骤,先有一套完整的出书计划,确定了丛书结构和创作团队的成员。《大系》是对五四新文学旧作的整理,而《中篇创作新集》是对左联青年作家最新作品的展示。如果说整理旧作要体现编选的权威性,那么展示新作就要体现创作的新颖性和时代感。《中篇创作新集》共收录蒋牧良的《旱》,奚如的《忏悔》,白尘的《泥腿子》,欧阳山的《鬼巢》,舒群的《老兵》,艾芜的《在天堂里》,周文的《在白森镇》,罗烽的《归来》,葛琴的《窑场》,草明的《绝地》。荒煤的《灾难》和沙汀的《父亲》只出了预告,并未按期出版。这些作品有着鲜明的主题,振动着时代的脉搏,它们"用现实主义的手法,描写了在三座大山重压下,我国劳动人民的苦难生活和英勇斗争,也有揭露封建社会的黑暗丑恶和它的毒害影响的"[①]。这些作品在当时的文艺界起到了积极的作用,那些字句所澎湃着的革命热情在今天依然强烈地感染着读者,有助于我们了解左联的成长历史和文学特色。

赵家璧给予左翼作家充分的支持,甚至与他们结成盟友共同与政府查禁者周旋,这在当时是冒有极大政治风险的。

[①] 赵家璧:《三十年代的革命新苗——专为左联青年作家编印的〈中篇创作新集〉》,载上海鲁迅纪念馆编《赵家璧文集》第1卷,上海文艺出版社,2008,第328页。

在国民党的文化"围剿"中，左翼文学的传播符合"禁果效应"的特征，但赵家璧扶持、保护左翼作家并不完全是出于商业利益的考虑，他是出于对反动腐朽的统治包括文化统治的强烈不满和对革命文学的同情。赵家璧在这一时期的表现，反映出他思想的转变，有力地推动了革命文学在逆境中的发展。

在当前的理论界，文学与媒介、作家与编辑等课题得到越来越多的关注，其根本原因在于，20世纪以来出版机构成为文学创作获得"作品"身份的重要前提，版面资源的稀缺性成就了文学编辑的话语权。编辑的文学观念决定着他手中所掌握的版面的文学生态，并不同程度地影响着文学场内总体的生态状况。赵家璧主动建立和维护作家队伍，引导他们的创作目标，联合他们共同完成选题，鼓励他们积极传播进步文艺作品。赵家璧开拓作家资源的过程，是他对中国文坛进行深入探访的过程，也是他团结中国文学生产力的过程。作家资源是文学作品的源头活水，广泛的作家交往增强了赵家璧在文学场内的影响力，为他进一步编纂和传播文学权威读本奠定了基础。赵家璧为徐志摩作品的流传及左翼文学的突围做出了巨大贡献，这也体现了文学编辑在中国现代文学社会化生产和传播中的重要地位。

第三章
借鉴外国文艺
——提供现代文学的创作摹本

正如巴赫金指出的那样:"文化是有边界的,因此只有在其他文化参与的情况下,文化的自我意识才可能出现。"[1] 中国近代以来被压迫、被侵略的历史激发了国人民族意识的觉醒,于是在图强自新精神的鼓舞下,中国社会各个方面开始了世界性转化。中国新文学民族个性的塑造总是伴随民众世界视野的拓展和对外国文学经验的借鉴,中国新文学的成长从一开始就离不开外国文学的滋养。鲁迅说:"新文学是在外国文学潮流的推动下发生的,在古代文学方面,几乎一点遗产也没有摄取。"[2] 倡导新文学运动的一批人如胡适、陈独秀、鲁迅等,不仅大多具备留学经历,而且他们非常重视外国文学对中国现代文学的启蒙作用。早在五四发生之前胡适就说:"吾意以为如西洋诗体文体果有采用之价值。正宜尽量采用。采用而得

---

[1] 吴克礼:《文化学教程》,上海外语教育出版社,2002,第65页。
[2] 鲁迅:《集外集拾遗补编·〈中国杰作小说〉小引》,载《鲁迅全集》第8卷,人民文学出版社,1993,第393页。

第三章 借鉴外国文艺

当,即成'中国体'。"① 不可否认,中国现代文学产生与发展的根本原因是现代中国社会政治变革的需要,但从现代文学自身的"现代化"过程来说,接受世界进步文学的积极影响,也是一个十分重要的原因。中国现代文学的现代化是指在文学观念、文学的内容和形式、文学的艺术表现手段等方面突破传统的民族局限而越来越具有时代性和世界性的特征。

赵家璧的文学编辑事业正是沿着外国文学所启示的方向拓展的。他对外国文学的研究与传播既是时代变革的需要,也是充分施展个人才华的需要,是社会因素与个体因素共同作用的结果:赵家璧是在新文化运动滋养下成长起来的新一代知识分子,继承了中国新文学传统中对外国文学拿来我用的态度;他在新式教育经历中对西方文化有了更加系统化的认识,培养起放眼世界的文学编辑视野;上海的租界环境为世界文化汇聚交流提供了便利条件;1930年代中期外国文学成为出版热点,兴起了外国文学翻译的热潮。赵家璧的外国文学译介活动十分活跃,他不仅将外国文学纳入了良友公司文学图书的出版计划,而且当鲁迅、茅盾、施蛰存、郑振铎等现代作家主持的文学报刊开展关于外国文学的传播研讨活动时,他也积极参加,《译文》《现代》《文学》《文学季刊》记录了他译介外国文学的努力。他向读者推荐外国文学时多次表露这样的意图:用外国的优秀作家和作品启发中国新文学的创作,用外国经验引领中国民众的现代意识,使中国文学有机地融入世界文学体系。

按照20世纪法国哲学家米歇尔·福柯的"权力话语"理论,话语(discourse)并不单纯是一种语言现象,它更是一种

---

① 胡适:《答张厚载》,《新青年》1918年第6期。

权力，而权力总是意味着控制和影响。勒菲弗尔进而提出了"翻译操控理论"：在文学翻译活动中对语言的反复斟酌与修订，采用哪种表达、舍弃哪种表达并不仅仅是基于修辞的考虑，还受到许多其他因素的制约。因此，赵家璧编辑、翻译、论述的有关外国文学的著作从广义上说也是文学译本，它们凝聚着译者权力对原文本的改造。外国文学被赵家璧输入中国的过程，也是原文本被操控改写的过程，"对外国文学的翻译、介绍、研究、批评，本身就是一种文化改写，它经过了专门性和职业性以及不同人文精神的过滤，被中国文学作品模仿后而再次被改写"①。解读赵家璧传播外国文学的活动，最重要的是解读他行为背后的动机。赵家璧对外国文学的译介活动，代表了中国知识分子改造本国文学、增强其现代性的强烈愿望，外国文学译本的生产和传播是在中国现代文学建设者的话语权力干预下进行的。

第一节　翻译西方文学作品

五四文学革命以来，中国人的文学翻译观念发生了巨大的改变，外国文学译介成果大大推动了中国文学现代化的进程。从19世纪末林纾的翻译小说开始，外国文学的因素就逐渐渗透中国文学。西学东渐一方面拓展了中国民众了解世界的信息渠道，另一方面则塑造了西方文化的话语权势，出版机构在西学东渐的浪潮中起了推波助澜的作用。如果说中国古代文学是中国现代文学发展中的纵向坐标，那么外国文学就是它的横向

---

① 徐肖楠：《西方文学对中国文化和文学现代性进程的影响》，《华南理工大学学报》（社会科学版）2001年第1期。

坐标。五四文学革命的目标就是改造中国的旧文学，并参照西方文学建设起我国的新文学，赵家璧在文学编辑工作中始终不忘这一目标。赵家璧扎实的西学功底使他能够担当中西文学交流的使命，他批判性地向中国传播外国文学作品和外国作家，并试图通过系统化的编辑出版方案帮助中国读者全方位了解世界文学的发展状况。他的外国文学传播成果在一定程度上培养了中国读者和中国作家的世界性格局，凝聚起更多的力量投入中国新文学的建设。

一 翻译文学与中国文学的现代化转型

中国文学的现代化转型是在与西方文化的碰撞中实现的。中国人对外国文学的传播和接受经历过一个转变的过程，从最初对外国文学的轻视转变为对外国文学的推崇。特别是晚清以来，外国文学对中国文学所具有的启迪作用逐渐受到重视，五四时期则初步确立了中国文学以外国文学为参照体系的新文学传统。

清朝晚期，我国进步知识分子就开始接触并翻译外国文学作品，以林纾为代表的早期文学翻译家认为"中优西劣"，传播外国文学的目的是使之"入我门来"。他们通常将外国文学翻译、改造成符合中国传统文学审美标准的样式，林纾的文言译本就颇为典型。随后严复、梁启超等人开始认识到外国文学的先进性，提出借外国文艺"宣教启蒙"，将其作为开启民智的工具。五四文学革命则倡导向外国文学进行"真心模仿"，翻译活动中渗透着对中国文学现代性的期待：他们一改林纾擅长的文言文，改用白话文，甚至在句法和词法上模仿欧美语言的风格；作品中所倡导的大多是民主、自由、科学、个性等具有现代性的理念,促使中国文学的主题思想与世界接轨。正如王瑶所指出的那样:"在中国文学发展史上,也曾受过外来文学的影响,如佛教翻译文学对唐代及以后文学的影响。但这种影响还只限于某一种文体的范围,并未带来全局性的变革。而由'五四'文学革命开端的文学变革,以及由此产生的中国现代文学,则是借助于外国文学的影响所实现的全局性的变革,它实际上是中国人民要求现代化的思想情绪在文学上的反映。"① 新文学运动不是一场简单的改良运动,而是一场融入世界现代文学潮流的文学革命运动。这就要求新文学的开拓者不仅要立足本土,更要放眼世界,"别求新声于异邦"②。

茅盾指出,外国文学具有传播现代思想的功能:"介绍西洋文学的目的,一半果是欲介绍他们的文学艺术来,一半也为的是欲介绍世界的现代思想——而且这应是更注意些的目的。"③ 事实上,外国文学的确起了引导示范的作用,在许多方面加速了中国文学的现代化转型。第一是强化了意识形态、思想观念在文学中的表现。在"德先生"(民主)和"赛先生"(科学)大旗的指引之下,翻译文学传播了个性解放和自由、平等、博爱的思想。十月革命以后,对早期苏联文学的译介,为中国无产阶级的革命文学提供了良好借鉴。第二是文学语言的转变。作为新文化运动的重要组成部分,翻译和介绍外国作品,用白话来翻译和创作成为一种被普遍接受的范式,以文言作文和翻译的至尊地位受到致命一击,从此一蹶不振。直译手法主张吸纳西方文化中的术语、概念、范畴和话语方式来

---

① 王瑶:《中国现代文学史论集》,《王瑶文集》第5卷,河北教育出版社,2000,第117页。
② 鲁迅:《摩罗诗力说》,《河南》1908年第2期。
③ 茅盾:《新文学研究者的责任与努力》,《小说月报》1921年第2期。

第三章　借鉴外国文艺

建构中国化、民族化的语言，以实现中国语言和中国文学的现代化，并由此开启民智、改变国人的思维方式。事实上，翻译的文学作品确实帮助中国文学创造出许多新的字眼、新的句法和新的词汇，促进了文学语言的转变。第三是文艺思潮的引入。在中国传统文学理论中，文艺思潮是一个陌生的概念，直到五四前后才纷纷被引入，"涉及古典主义、启蒙文学、浪漫主义、现实主义、唯美文学、象征主义、表现主义，等等，西方的文学潮流都在中国露过面"①，这为建构中国文学体系提供了丰富的理论资源。第四是文学体裁和文学技巧的丰富。在中国文学传统中，诗歌与散文是具有较高地位的文体，随着对外国文学样式的引入，除诗歌、散文之外，小说和戏剧两种文体也逐渐受到重视，并且示范带动了五四时期小说创作的繁荣。在文学技巧方面，叙事模式得以丰富，叙事人称和叙事时间都更加灵活多样。翻译文学也在人物塑造、景物描写和心理刻画等方面为新文学创作提供了细腻精密的表现手法和多样化的选择。中国现代作家对中国新文学与外国文学之间的渊源达成了共识："现代的中国小说，已经接上了欧洲各国的小说系统，而成了世界文学的一条枝干。"②

出版战线在1930年代出现的外国文学译介热潮既是五四时期倡导外国文学而产生的必然结果，也是中国作家在现实斗争形势下的必然选择。国民党企图对所有革命的文化活动进行"围剿"，进步的文学创作受到了极大的迫害，鲁迅等左翼文学家便转而借外国文学来打破国民党当局的文化封锁。他们用翻译作品武装自己的书刊，将国内的悲惨现实与世界上受剥

---

① 任淑坤：《五四时期外国文学翻译研究》，人民出版社，2009，第29页。
② 郁达夫：《现代小说所经过的路程》，《现代》1932年第2期。

削、受压迫民族的命运紧密联系起来，以国外的政治革命与文学革命运动启发中国民众。中国在1930年代发达的传媒环境，使中国的文学翻译活动呈现有系统有组织的特点，职业文学编辑为外国文学的规模化与系统化传播做出了巨大贡献。外国文学的编译人员大多学贯中西、功底深厚：他们对外国作家及其作品有所了解和研究，具有文学和其他各门学科的综合性知识，同时他们熟悉外国文化、风俗习惯，再加之严谨认真的翻译态度和一定的翻译方法，当时的翻译作品在思想和艺术方面都达到了很高的水准。鲁迅、茅盾、巴金、冰心、闻一多、刘半农、徐志摩、戴望舒等既是著名的作家，也为外国文学的译介做了大量工作。创作与译介仿佛是那一代作家的"左右脚"，成为他们日常文学活动的常态，他们试图从外国文学中获取经验以加速发展本国的现代文学。鲁迅曾表示："我所取法的，大抵是外国作家。"[①] 他们所做出的诸多努力潜移默化地影响了中国的文学生态，为今日我国文学在世界文学阵营立足甚至获得诺贝尔文学奖、雨果奖和国际安徒生奖等国际重大文学奖项奠定了基础。

二 拿来、融合、创新——赵家璧对待外国文学的学习态度

五四文学革命以来国内文学翻译活动如火如荼的场面给予赵家璧极大的鼓舞，他自觉继承了"真心模仿"和鲁迅拿来主义的翻译理念，积极输入外国优秀作家的作品。赵家璧对外国文学持有开放包容的态度，他认为在文学的天地里，他山之

[①] 鲁迅：《致董永舒》，载《鲁迅全集》（大字线装本）第7卷，人民文学出版社，2014，第582页。

石,可以攻玉。赵家璧不仅不遗余力地推动外国文学在中国的传播,也鼓励广大青年学生重视翻译的书。赵家璧传播外国文学主要依靠三种手段:翻译外国文学作品和文学理论,评论外国文学作家和作品,编辑外国文学翻译作品。他深刻地认识到外国文学对中国文学的启蒙作用,努力向中国读者推荐外国的文学精品和优秀作家,希望中国文学界能够培养起放眼世界的博大胸怀,通过与外国文学的交流互动促进中国文学和社会的现代性革新。

赵家璧善于学习外国文学中那些新颖的文体形式,他通过翻译和编辑手段将其输入国内,使我国的文学面貌更加多样化。中国传统文学中缺少专门的儿童文学类别,而外国的儿童文学十分发达。童话是一种最富儿童文学特点的文体,最能体现儿童文学的审美特征,因此受到小读者的普遍欢迎,成为儿童文学的主体。外国有很多童话作品成为享誉世界的经典作品,如丹麦的《安徒生童话》、德国的《格林童话》和俄国的《贝洛童话》等。中国在20世纪初开始引入并创作现代童话,商务印书馆的《童话》杂志、孙毓修改编的《天猫国》和叶圣陶创作的《稻草人》成为中国开启现代童话史的标志性事件。在新文化运动中涌现的一大批新文学作家如张天翼、王统照、郑振铎、沈从文、徐志摩等都纷纷为儿童创作童话。赵家璧在文学编辑工作中也非常重视童话及其他儿童读物,他编译了《苏联童话集》,向中国读者展示这一"簇新的形式包涵(含)着簇新的内容"的文学品种。他在该书序言中说:"我们的目的,就在使他们的小眼睛,在最简单的故事叙述里,去认识这世界上一切现实的真相,来适应他们未来的生活。同时看到苏联的儿童读物,是最进步而最有意义的,便决定在相当范围内，尽力地翻译介绍。"① 赵家璧还翻译和编辑过一些儿童科普读物，如翻译出版苏联儿童文学作家伊林的《室内旅行记》等，这对中国的原创科普读物启发很大。伊林善于用文艺的笔调、生动的比喻、典型的事例以及诗一样的语言，娓娓动听地讲述科学知识。该书把房间分作几个场景——水龙头，火炉，碗橱和铁灶，碗架，磁（瓷）器间，及衣柜，辅以非常浅近而且切实的故事回答了许多科学问题，像为什么面包里有一个个的孔、为什么火有影子等，充满了知识性和趣味性。中国的传记文学自《史记》《汉书》以后长期处于刻板单一的状况，20世纪初在梁启超、胡适、郁达夫等文化学术界的领袖人物一再呼吁下和西方传记文学的示范带动下，中国迎来了传记文学的第二个高峰。中国现代传记秉承新文化运动的精神，在文体和语言上进行了革新与演变，促成了中国古典传记向现代传记的转型。思想解放带来了知识分子个性的张扬，模仿西方传记体式的自传或回忆录成了我国现代作家自我表现和言说的方式。赵家璧译介、编辑了许多外国人物传记，如《史太林传》《白里安》《我的儿子罗斯福》《希特拉》等，为中国传记文学的进一步普及与繁荣做出了贡献。此外，报告文学、科普小品等的大量输入不但大大丰富了中国文学的样式，也促进了各种文学样式创作水平的提高。

赵家璧还善于学习外国文学读物的编辑出版方法。在他看来，优秀的外国文学读物就是他文学编辑工作的标杆，选题策划、图书装帧、版面设计、成本定价……每个环节都有值得他借鉴学习的地方。赵家璧有许多图书选题都是从外国文学读物中找到灵感的，甚至可以说，如果没有外国文学读物的滋养，

---

① 赵家璧：《书比人长寿——编辑忆旧集外集》，中华书局，2008，第98页。

第三章 借鉴外国文艺

赵家璧的文学编辑工作就不可能取得这么大的成绩。赵家璧策划的第一套丛书受到了外国读物《蓝色小丛书》（*Little Blue Book*）的启发："有一次，我在西书铺里看到一套用淡蓝色书面纸做封面的袖珍小丛书。六十四开骑马钉，社会科学和自然科学各门学科都有，一个专题薄薄一册，都出自专家学者之手，售价一律美金五分。"① 这种平装又廉价、出版周期短的图书形式非常有利于扩大读者群体，赵家璧很快便有了《一角丛书》的编辑计划。《大系》则是学习了日本丛书的编纂方式，他回忆道："我看到日本的成套书中有专出新作品的，也有整理编选旧作的，名目繁多，有称丛书、大系、集成或文库之类，范围很广，涉及文学、艺术等各个部门……引起了我很大的兴趣。"② 《良友文学丛书》完全借鉴了美国的《近代文库》（*Modern Library*）：《近代文库》布面精装，售价9角美金，《良友文学丛书》也采用布面精装，售价9角，甚至由于前者出版过 *Modern Library Giant*（意为《近代文库特大本》），赵家璧也出了《良友文学丛书特大本》与之呼应。《二十人所选短篇佳作集》则是赵家璧模仿日本和英、美年选读本的做法编辑完成的。他从书店里看到过日本的文艺年鉴和英、美的小说年选，便萌发了编辑《二十人所选短篇佳作集》的想法。外国文学图书常常用版画来制作插图或连环画，赵家璧认为，中国的出版界应当借鉴这种叙述故事的手段，他说："我们把比国（指比利时）木刻名家麦绥莱勒的作品搬到中国来，也

---

① 赵家璧：《我编的第一部成套书——〈一角丛书〉》，载上海鲁迅纪念馆编《赵家璧文集》第1卷，上海文艺出版社，2008，第177页。

② 赵家璧：《话说〈中国新文学大系〉》，载上海鲁迅纪念馆编《赵家璧文集》第1卷，上海文艺出版社，2008，第265页。

许可以给中国连环图画的将来一条有生命的路。"①

赵家璧在向中国读者推荐外国文学作品的同时，非常重视作家研究，这是外国文学界最普遍的经验，在中国学术传统中却是较为缺乏的。赛珍珠（又译作勃克夫人）曾指出中西方在这方面的差异："在西洋，任何西洋小说的历史里，作家的名字，给他所写的书同样是很重要的，研究小说的一部分工作，就得放在研究作家上，如他的个性，他是否表现了他的时代，他个人的见解，他个人的作风等等。因此作家和他的作品是分不开的。在中国小说里，这就大不同了，许多极重要的小说，简直就找不出究竟是谁写的。"② 赛珍珠的这篇文论是经赵家璧翻译后发表在《现代》杂志上的，他用文学编辑与翻译的实践表达了对这一观点的认同。他说："研究一个作家的作品，我们最注意的是他的作风……"③ 了解作家风格是读懂作品、研究作品的必要步骤，赵家璧撰写、翻译了大量外国作家的研究材料，如：编辑出版了赵景深编译的《现代欧美作家》和唐锡如翻译的《拜伦的童年》，撰写了《王尔德著〈陶林格兰肖像画〉之介绍》《〈茶花女〉及其作者》《论嚣俄和他的哀史》《萧伯纳》《沙皇网下的高尔基》等许多文学评论，他研究美国文学的专著《新传统》和他所翻译的反映欧美文学概况的文论集《今日欧美小说之动向》以作家串联历史，突出了作家在文学史中的地位，也间接强调了作家研究的重要性。赵家璧评论的作家虽然很多，但他在评论时总能准确地捕

---

① 赵家璧：《书比人长寿——编辑忆旧集外集》，中华书局，2008，第102页。
② 赛珍珠：《东方、西方与小说》，载上海鲁迅纪念馆编《赵家璧文集》第3卷，上海文艺出版社，2008，第469页。
③ 赵家璧：《易卜生作品的三个期时——纪念易卜生的百年诞辰》，载上海鲁迅纪念馆编《赵家璧文集》第3卷，上海文艺出版社，2008，第63页。

捉其思想精髓，以寥寥数语点出一个作家的特色所在，显示出较高的理论概括水平。有时，他对作家的介绍甚至采用了小说笔法，如《克拉小姐与两诗人》和《普式庚之死》。前者讲述了雪莱与拜伦两位诗人与克拉小姐之间的情感轶事，后者讲述了俄国伟大诗人普希金为反抗政治迫害、维护爱妻声誉与贵族子弟决斗而死的悲壮经历。这种笔法语言朴实、形象生动，有助于读者迅速把握诗人的个性气质，提高对诗人作品的阅读兴趣。外国文学中重视解读作家生平的这一做法对中国影响很大，目前，把作品与作家结合起来进行研究的方法已经得到中国理论界的普遍认可和广泛应用，深化了我们对中国历代文学作家与作品的解读。

总之，赵家璧对外国文学抱有非常认真的学习态度，他认为外国文学作品在体裁样式、编辑与装帧策略、文学研究方法方面都有值得拿来为我所用的经验，中国的新文学应先从模仿开始，再逐步融合、创新，探索出个性化的道路。从赵家璧的上述翻译文学理念我们还可以解读出这样一个信息：中国新文学的现代性，不仅是思想内涵和文学样式上的现代性，其实也包含出版、传播手段上的现代性。作为职业文学编辑，赵家璧传播外国文学并引导国人从外国文学作品中汲取能量的做法，推动了中国文学创作手法和出版模式两个方面的现代化。

第二节 赵家璧对翻译文学的编辑贡献

20世纪初期中国文学翻译活动蓬勃发展的态势是西学东渐的热潮在文学方面的反映，当时的翻译文学带有鲜明的意识形态倾向，在为中国文学提供范本的同时，输入了自由、民主、平等、科学等现代观念,以配合现实中的中国革命。和外国文学原文本相比,翻译文学是依据原著而脱胎独立的新文本,反映了翻译者的一定价值观念和艺术评判。外国文学输入中国,须经过"翻译—出版—传播—接受"的完整流程,编辑出版的质量是影响翻译文学传播效果的关键。1930年代,中国翻译文学的数量达到1920年代的3倍,一方面是由于新文化运动对西学的倡导在持续发挥效用,另一方面得益于当时中国出版业的发展成就。国内的翻译文学生产在当时并没有形成有组织、有规模的官方生产机制,大多由民营出版机构与作家协作完成。在翻译文学发挥推翻封建文化、建立现代文化功能的过程中,编辑与许多兼职翻译的作家达成了共识。与此同时,在出版过程中编者按语、序、出版说明等副文本在翻译文学的传播过程中添加了编辑的一份创造性劳动。有学者深刻地指出:"在翻译出版过程中,编辑既是翻译内容审查者、出版过程协调者,也是译文读者同盟军和质量把关人。编辑行为是对原作、原作者权威的一种解构,同时也是对编辑话语权力的一种建构。"①

  赵家璧对翻译作品的编辑出版实践是他建设中国新文学宏伟目标的有机组成部分。审视赵家璧编辑的翻译著作会发现,那些看似杂乱无章的选题其实具有内在的一致性,它们反映了赵家璧向中国输入现代观念、建设本国新文化的急迫感,是一种泛文学语境下的文化传播活动。赵家璧开放包容的文化姿态也体现在他对当时翻译原则的综合运用上,既有着眼于现代的中国而从别国"窃火"的功利性,也有"努力多译一些世界

---

① 覃江华、梅婷:《文学翻译出版中的编辑权力话语》,《编辑之友》2015年第4期。

名著，给国人造点救荒的粮食"①的迫切性。赵家璧所编辑的翻译文学著作既是理论与作品的相互参证，也是世界文学图景的系统性描绘，具有内在的逻辑性。这样的编辑策略有助于打造翻译文学的经典读本，体现了赵家璧对新文化建设使命的高度自觉。

一 泛文学语境下的现代意识传播

赵家璧把有利于思想启蒙和社会变革作为选择要传播的外国文学作品的首要标准，他希望通过自己编辑工作开拓读者的知识视野，培养他们对世界的探索欲望。他说："读者可以我的文章而去读原书，也可以单从我的文章里，知道这一部好书的特点；因为我所选的书，多少倾向于介绍时代智识方面。"②

赵家璧所编辑的翻译著作除了纯文学著作之外还涉及多个门类，如《生命知识一瞥》（生物）、《苏联的音乐》（艺术）、《神经衰弱症》（医学）、《伴侣婚姻》（社会）、《信不信由你：世界奇闻录》（社会）。1930年代处于两次世界大战之间，欧洲各国在相对稳定的凡尔赛体系下酝酿着经济、军事力量的竞争，苏联正在全力以赴建设自己的新家园，西方各国革命与建设的经验都给当时苦寻解放之路而不得的中国民众以极大的启发，所以，翻译欧洲文学作品及反映欧洲社会现实状况的图书是赵家璧编辑工作的重要内容。反映世界政治形势、民主国家建设情况及热点政治人物的选题比较集中，如《什么是法西

---

① 胡适：《论翻译——与曾孟朴先生书》，载《胡适全集》第3卷，安徽教育出版社，2003，第804页。
② 赵家璧：《一幕黄金的悲剧》，载上海鲁迅纪念馆编《赵家璧文集》第3卷，上海文艺出版社，2008，第213页。

斯蒂》和《英美难免一战》为读者普及了世界的政治、经济和军事格局方面的知识，《史太林传》《白里安》《希特拉》《兴登堡》《凯末尔评传》《我的儿子罗斯福》和《美国十二女大伟人传》则对苏联的斯大林，法国的白里安，德国的希特勒、兴登堡，土耳其的凯末尔，美国的罗斯福，美国历史上的女伟人群体等政治人物——点评，意在展示世界各国的治国方略和改革措施。上述各类著作的重点并不在于用缜密的科学语言阐述某一学科领域的深刻理论，而在于用浅显的叙述性语言说明该学科的常识，使毫无专业基础的普通读者也能被激发起阅读兴趣并有所收获。尽管这些图书的著译水平参差不齐，却都具有大众读物的亲和力，因此并不能被划归到专业书籍的类别，只能算作与科普著作类别较为接近的知识读本。

赵家璧的图书选题反映了中国向西方寻求民主与科学的时代背景，并进一步推动了民主、科学等现代意识的社会启蒙。"德先生"和"赛先生"是新文化运动的两面大旗，1930年代，陶行知进一步提出"科学下嫁"，要求把科学下嫁给工农大众，中国历史上有组织、有计划的科普实践活动就在这样的背景下拉开了帷幕。赵家璧于1934年翻译出版了苏联科普作家米·伊林的《室内旅行记》，这部作品带领读者观察房间内的水、火、空气、面包、陶器、磁（瓷）器、服装等各种物质和现象，以童真的语言提出了一个个有趣的科学问题，并给出了简练而有趣的解释，是一本非常著名的"十万个为什么"类型的图书，极大地激发了读者的科学求知欲。他向读者推荐霭理士的《我的忏悔》，话题涉及政治、性、优生、艺术、科学等多个门类，还推荐了剑桥版的《神秘的宇宙》，两本书对传统社会的伦理观和世界观进行了极大的颠覆，表现出强烈的现代意识。赵家璧试图用他所编辑的翻译著作丰富读者的世界知识，培养他们胸怀天下的气度，而这些读物客观上又帮助他们深刻理解了外国文学的时代背景、文艺风格和创作主旨。赵家璧的翻译著作编辑工作是对五四精神的全面继承，为民主与科学观念的通俗化传播做出了巨大贡献。

赵家璧非常重视外国文学作品主题思想的普遍性意义，即它在世界范围内的适应性。赵家璧在翻译苏联作家伊林的科普著作《五年计划的故事》时，他对苏联上下同心完成五年计划的国家策略表现出极大的向往。特别是对于书中所写的那些可以拿来就用的经验，他认为中国也可以照搬这样的办法，他引进这本书旨在唤醒国民，从而实现举国图强的宏伟志向。赵家璧说："这本《五年计划的故事》，同时还可以使我国上下对于将来中国建设方针的急应确定，得一良好之参考和鼓励。我们不妨也来一个五年或十年的计划。"① 在赵家璧看来，《苏维埃式的现代农场》、《苏联大观》和《意大利大观》中所反映的国家建设方面的经验也对中国具有重要的参考价值。麦绥莱勒的《木刻连环画故事》丛书是在鲁迅的指导下编辑完成的，它所反映的受压迫、受剥削阶层民众的苦难生活与左翼的革命文学方针相契合，而它在运用木刻艺术的画面语言进行社会宣传方面显示出的艺术性和大众性是中国文艺界所缺乏的。这部丛书启发了中国的现代版画艺术及其在图书制作、思想表达领域的运用。

正如王一川所指出的那样："中国的现代性主要是指1840年鸦片战争以来，在古典性文化衰败而自身在新的世界格局中

---

① 伊林：《五年计划的故事》，赵家璧译，载上海鲁迅纪念馆编《赵家璧文集》第3卷，上海文艺出版社，2008，第410页。

的地位急需（亟须）重建的情况下，参照西方现代性指标而建立的一整套行为制度与模式。"① 现代传媒机制为西学东渐与中国民众现代意识的普遍觉醒提供了技术支持，赵家璧在泛文学语境下对翻译著作的编辑加工与社会传播，增加了中国读者考察西方现代性指标的渠道，间接参与了中国现代性社会、现代性文化与现代性制度的建构。近代以来在中国逐渐积累起来的外国翻译著作提升了中国民众解读西方现代性指标的准确性，经赵家璧甄选和出版的翻译作品在一定程度上反映了他作为公众代言人对现代性内涵的预期。他通过编辑出版活动所阐释的西方现代性对中国新文学形成一种导向，塑造着中国现代文学的品格。

二 对世界文学图景的系统性描绘

在1930年代翻译活动如火如荼展开的时候，现代出版机构之间充满了激烈的竞争。商务印书馆和中华书局的译作丛书是文学出版界的"排头兵"，其他中小出版社也纷纷进行了文学译作丛书的出版实践。赵家璧从上海良友公司的现实情况出发，策划出版了《现代欧美作家》和《今日欧美小说之动向》，初步尝试了对世界文学的总体性介绍，具有一定的文学史和出版史价值。《现代欧美作家》由赵景深编译完成，主要介绍了4位作家：美国第一位获得诺贝尔奖的辛克莱·刘易斯，英国作家劳伦斯，苏联作家马雅可夫斯基和捷克科幻作家卡·恰佩克。这4位作家代表了四种不同的风格，反映了外国现代文学的总体发展趋势。《今日欧美小说之动向》由赵家璧亲自翻译

---

① 王一川：《中国现代性体验的发生》，北京师范大学出版社，2011，第19页。

完成，选取了英国《半月评论》杂志上所刊发的由各国文学界权威撰写的评论文章。这两本书侧重点虽有不同，一个突出作家的个人成就，一个突出国家的文学发展状况，却都具有放眼世界的眼光，指引着中国的读者和作家将注意力投向国外，从外国文学实践中获取我国文学建设的经验。

在1935年赵家璧向蔡元培汇报《大系》成功出版的消息时，蔡元培对他提出了新的期望，鼓励将这种编辑方法运用到外国文学作品翻译上。他说："五四时代如果没有西洋优秀文艺作品被介绍到中国来，新文学的创作事业就不可能获得目前的成就。当时从事翻译工作的人，他们所留下的种子是同样值得后人珍视的，困难的是这些作品散佚的情形，比这部书更难着手整理而已。"① 考虑到小说体裁在近百年来的巨大成就，及其截取人生片段而反映现代人思想的特殊艺术效果，赵家璧沿着蔡元培指引的方向立即对一部专门的翻译文学丛书——《世界短篇小说大系》进行编辑工作。从1937年发布在《良友》画报上的图书广告可以看到，这套丛书共10册，总字数500万，布面精装，在篇幅和样式上都和先前的《大系》保持了高度一致，两套丛书被称为"姊妹篇"。具体任务分配如下：

——《法国短篇小说集》黎烈文编译；

——《俄国短篇小说集》耿济之编译；

——《英国短篇小说集》傅东华编译；

——《德国短篇小说集》郭沫若编译；

——《日本短篇小说集》郑伯奇编译；

——《北欧短篇小说集》郁达夫编译；

——《南欧短篇小说集》戴望舒编译；

---

① 赵家璧：《想起蔡元培先生的一个遗愿》，《新文学史料》1978年第1期。

107

——《苏联短篇小说集》曹靖华编译；

——《新兴国短篇小说集》巴金、鲁彦编译；

——《美国短篇小说集》赵家璧编译。

赵家璧为《世界短篇小说大系》制订的编选目标是："系统介绍近百年间的各国短篇小说，分国整理五四以来的文学翻译作品。"① 和当时林林总总的世界文学翻译丛书相比，赵家璧的选本从已经翻译完成的作品中严格筛选，增加了最新的译作，还增加了各国短篇小说的发展历史、名家传记及译本索引等信息，具有明显的优点。蔡元培批评其他选本"各从所好，不相为谋，还不能给我们一个综合的印象"，又给予《世界短篇小说大系》极高的评价，说它"不但对已往的短篇小说界作一普遍的介绍，并且对于将来的短篇小说定有良好的影响"②。这部丛书虽经周详部署进入了预售阶段，但抵不过侵略战争的破坏，随着上海"八一三"战役的爆发和后续时局的动荡，这部丛书的出版计划从此搁浅，再也没能完成。但是，这一丛书选题体现了赵家璧对世界文学研究的整体性思维，其价值不容忽视。丛书中对国别的划分体现了对各国文学实力的评判，苏联、英国、法国、德国和日本等国独立成册，是因为它们具有较强的文学影响力，而波兰、匈牙利、荷兰等国则影响力稍弱。让美国文学独立成册，表明了赵家璧对美国文学发展成就的充分肯定，这种做法普及了"美国文学"的概念和艺术特征，开创了中国的"美国文学"学术历史。

1930年代，全社会推崇苏联的氛围逐步形成，苏联逐渐

---

① 赵家璧：《追叙未完成的〈世界短篇小说大系〉》，载上海鲁迅纪念馆编《赵家璧文集》第1卷，上海文艺出版社，2008，第425页。

② 赵家璧：《想起蔡元培先生的一个遗愿》，《新文学史料》1978年第1期。

成为中国学习的民族和国家。向苏联学习成为文化出版业最重要的命题之一，这在赵家璧编辑的翻译文学中也有鲜明的体现。赵家璧对苏联文学作品的编辑，一方面，受到郑伯奇、鲁迅、茅盾等左联作家的引领。左联在成立之初特别强调它"不是作家的同业组合组织"，"而应该是领导文学斗争的广大群众的组织"，它所肩负的革命使命重于其文学使命。苏联社会主义的现实主义文学风格给予中国的左翼作家极大的鼓舞和启发。瞿秋白指出："翻译世界无产阶级革命文学的名著，并且有系统地介绍给中国读者（尤其是苏联的名著，因为它们能够把伟大的'十月'，国内战争，五年计划的'英雄'，经过具体的形象，经过艺术的照耀，而供献给读者），——这是中国普洛文学者的重要任务之一。"① 另一方面，苏联文学在持自由主义立场的读者中间也具有强烈的吸引力。苏联无产阶级革命的胜利和第一个五年计划的完成，向全世界展现了一幅国家建设突飞猛进的美好蓝图，成为世界人民关注的焦点，于是传播苏联文学既符合思想认识的需要，也符合商业出版的需要。中国有很多苏联文学作品由日语、英语、法语、德语转译而来，间接反映了苏联文学在世界范围传播的盛况。

经赵家璧编辑出版的苏联文学作品有鲁迅编译的《竖琴》《一天的工作》，曹靖华翻译的《苏联作家七人集》《第四十一》，以及《苏联童话集》丛书。这几部作品凝聚着鲁迅的许多编辑劳动。《竖琴》和《一天的工作》汇集了苏联20位作家的短篇作品，后来在以特大开本出版时它们被合为一集，定名为《苏联作家二十人集》。在前记中，鲁迅阐述了苏联文学

---

① 瞿秋白：《论翻译》，载《瞿秋白文集》（二），人民文学出版社，1954，第917页。

"为人生"的特征，肯定了它对中国文学的示范意义；在后记中，鲁迅对各篇作品的作者及翻译工作所依据的底本进行了详细阐述，为研究中国传播的苏联文学作品提供了宝贵的资料。《苏联作家七人集》的译者虽然是曹靖华，出版事宜却是由鲁迅代他与良友公司接洽的，由于涉及被禁的译稿，这本书的组稿和出版历尽周折。书中包括7位苏联作家的15篇作品，如拉甫列涅夫的《第四十一》与《平常东西的故事》，赛甫琳娜的《两个朋友》和《犯人》等，书后在《著者略历》中分别概述了上述作家的生平与创作。这部书稿尚未出版鲁迅便溘然长逝，曹靖华沉痛地回忆道："《七人集》合集的编定与校样都是先生亲自作的，这可以说是先生最后编校的一部书，我只是供给了两本稿件的材料而已。"① 赵家璧虽然不是左联成员，却对左翼文学和左翼的翻译文学给予了全力的支持，他所编辑出版的这些苏联文学作品是冲破国民党文化封锁而结出的胜利战果，凝聚着鲁迅等无产阶级文学革命家的心血，在那个时代得来不易。

  赵家璧对翻译文学的编辑工作带有全局意识和系统性思维。首先，体裁较为完备，翻译小说数量最多，戏剧、诗歌、散文都有译作出版；其次，作品与理论的译著比例较为均衡，使读者从感性和理性两方面对世界文学状况进行把握；最后，翻译文学涉及多个国家，客观反映了世界各文学大国的文学历史与现状。赵家璧通过他的编辑劳动向中国输入了许多优秀的外国文学翻译作品，这是他对世界文学图景的系统性描绘，其中渗透着他对中国新文学的期望，也渗透着他对中国读者价值

---

① 赵家璧：《回忆鲁迅最后编校作序的一部书——关于曹靖华编译的〈苏联作家七人集〉》，《新文学史料》1981年第1期。

观与审美观的导向。

赵家璧编辑出版的外国著作内容丰富、形式多样，它们引导中国民众从西方世界寻求救国兴邦和文学建设的经验。翻译文学在外国文学对中国现代文学发生影响的过程中充当着中介角色，赵家璧对翻译文学的编辑贡献有助于中外文学的交流和中国文学现代性的塑造。

第三节　赵家璧对外国文学译介的贡献

当中国新文学亟须参照外国文学模式完成自身的现代性转化时，翻译和编辑便成为外国文学输入中国的关键性工作。翻译和编辑只是在文艺信息的转码、解码方式上存在差异，都遵循文艺传播的最基本规律，两者在本质上都是文化交流与建构的手段。赵家璧虽是职业编辑，却对翻译工作抱有极大的热情，究其原因，一是他的英国文学专业特长可以得到充分发挥；二是为了弥补当时各出版机构外国文学稿源的不足。在1930年代的文学翻译热潮下，许多文学刊物都开辟了翻译文学的栏目或专辑，如《现代》《小说月报》，鲁迅甚至创办了译介外国文学的专门刊物《译文》。赵家璧不仅在编辑岗位上为读者精心遴选外国文艺佳作，而且笔耕不辍，翻译了许多外国文学作品，也撰写了许多颇具理论水准的外国文学评论。

从《赵家璧1930年代外国文学译介成果一览表》中可以看到，赵家璧在1930年代译介的外国文学成果达50多种，小说和文学评论占据大半比例。他的文学评论视野开阔、观点新颖，对英国、美国、德国、俄国、法国、意大利、西班牙、挪威、瑞典、丹麦、印度等许多国家的文学历史和现状都有涉及,显示出他在外国文学研究方面的广博知识与精湛功底。这些评论有的以独立的篇章发表于报刊,有的以评论集的形式出版,还有一些作为外国文学图书的前言、宣传语面世,体现出文学编辑与文学翻译之间的紧密关系。外国小说是赵家璧翻译作品和评论的焦点,这间接反映出小说这种文学体裁经文学革命先驱的倡导和外国文学作品的示范,到1930年代已经成为主流文学话语的中心议题,主导着文学场的演变。作为文学编辑的赵家璧,他的文艺思想与编辑实践深刻地影响着广大受众,从而进一步强化了中国文学生态的这些特征。

赵家璧特别强调译作主题传达的精确性。林纾是最早将茶花女故事译成中文文本的,赵家璧对林纾歪曲原著思想的做法提出了严肃的批评。他认为林纾所译《茶花女遗事》与原作相比,只得其形而未得其神,"可是林先生的译本,和小仲马的原作,本事相同,两人的观念,目光,和见解,相差颇远。林先生既不能读原作,只从翻译者的口中,听到一些,躯壳虽存,原作的精神,早已失掉而变更了!"[①] 为适应不同的发表媒介,赵家璧采取了灵活多样的翻译策略。为了向中国读者反映西班牙、法国、苏联等国家的文学状况,赵家璧就避开他不擅长的语种,从英文中找寻素材进行翻译。受版面所限,赵家璧对篇幅较长的作品进行了有选择的翻译,选取作品中的精彩章节重点推出,激发读者阅读完整作品的兴趣。在许多情况下,为使译文便于读者理解,他并不严格按照原文翻译,而对原文的内容加以叙述,并根据需要对原文内容进行删减或对形式进行调整。赵家璧通过转译、节译、译述手段的穿插使用将

---

① 赵家璧:《〈茶花女〉及其作者》,载上海鲁迅纪念馆编《赵家璧文集》第3卷,上海文艺出版社,2008,第34页。

外国文本服从于国内民众的阅读习惯，减少了读者与原著之间的生疏感，顺应了外国文学借大众传媒进行普及的传播需要。

一 赵家璧对外国文艺思潮的普及

王哲甫指出："中国的新文学尚在幼稚时期，没有雄宏伟大的作品可资借镜，所以翻译外国的作品，成了新文学运动的一种重要工作。"[①] 先锋性、多元性和开放性是文学现代性的基本内涵，当固有的传统文学方式被打破以后，中国文学界采取了直接移植的办法，将西方各种现代文学思潮迎进门来，以便在最短的时间里赶上世界文学发展的步伐，汇入世界文学的大潮。赵家璧对唯美主义、浪漫主义、现实主义和现代主义等外国现代文艺思潮全面引进，既关注英、法、美、苏、德等文学大国，也不轻视挪威、比利时等新兴国家。他对每一种文艺思潮的渊源与特征都概括得十分精要，使读者能很快把握其内涵，并对目不暇接的外国文学有所鉴别，他为外国文艺思潮在中国的普及做出了较大努力。

赵家璧的《王尔德著〈陶林格莱肖像画〉之介绍》是中国较早评论王尔德的一篇文章，详细剖析了王尔德所代表的"唯美主义"流派的发生逻辑和艺术特点：西方科学兴起对人类从前的精神寄托造成极大的冲击，"于是从前所依以活命的幻象，完全暴露，宇宙全体原来不过是一件大机器，没有什么神秘，没有什么天才英雄，更没有什么人底（的）自由意志，人的地位，不过照着化学的作用，物理的法则支配，于是我们人从怀疑而生苦闷，从苦闷而生悲观，而厌世，而绝望，而自

[①] 王哲甫：《中国新文学运动史》，北平杰成印书局，1933，第259页。

杀了！"① 在悲观厌世的状态下，"有两条路可走：硬着心肠，闭了眼睛，在丑恶的人的世界里，另外发现一条光明的路；或是躲避了这丑恶的人间，在自己的幻想内，另造一个天国乐园……"② 唯美主义的特征就是"架空"，"美的而实际上没有的事"③。

在《谈嚣俄和他的〈哀史〉》（嚣俄，今译作雨果；《哀史》，今译作《悲惨世界》）中，赵家璧对法国的浪漫主义的来源进行了剖析："法国文学，在十七世纪时把忠实于本来真相的写实精神，和纯粹的倾向于修辞的精神，配成了完全的平衡。到了十八世纪修辞的势力渐渐萎谢……法国革命爆发后，浪漫运动就是对于这种酸性散文中发展的写实主义而发的，当时革命声势的浩大，简直把一个法国倒了过来。"④ 他称赞雨果："浪漫运动中，最伟大的革命领袖，便是这《哀史》（Les Misérables）的作者嚣俄，他革命的功绩，在他每一个诗句里，都可以找到。"⑤ 将浪漫主义与现实主义高度结合的除了《悲惨世界》外还有《茶花女》，赵家璧指出，《茶花女》的成功在于"完全用讥讽简单的论调，把目之所见，耳之所闻，心之所感，述之于笔，把坦白的心理，观察社会上的悲剧，用深

---

① 赵家璧：《王尔德著〈陶林格莱肖像画〉之介绍》，载上海鲁迅纪念馆编《赵家璧文集》第3卷，上海文艺出版社，2008，第7页。
② 赵家璧：《王尔德著〈陶林格莱肖像画〉之介绍》，载上海鲁迅纪念馆编《赵家璧文集》第3卷，上海：上海文艺出版社，2008，第7页。
③ 赵家璧：《王尔德著〈陶林格莱肖像画〉之介绍》，载上海鲁迅纪念馆编《赵家璧文集》第3卷，上海：上海文艺出版社，2008，第9页。
④ 赵家璧：《谈嚣俄和他的〈哀史〉》，载上海鲁迅纪念馆编《赵家璧文集》第3卷，上海文艺出版社，2008，第57页。
⑤ 赵家璧：《谈嚣俄和他的〈哀史〉》，载上海鲁迅纪念馆编《赵家璧文集》第3卷，上海文艺出版社，2008，第57页。

刻的描写，引起观众的同情"①。

赵家璧对现实主义风格的作品着力最多。如美国暴露文学作家辛克莱（Upton Sinclair）的《威廉福斯传》（*Wiliam Fox*），讲述了一个"社会制度的悲剧"②，"暴露了人类残酷和贪得的劣根性，以及横隔于美国黄金社会前的大危机"③。又如赫胥黎（Aldons Huxley）的《勇敢的新世界》（*Brave New World*），用野蛮人与新世界的对抗冲突，揭露了在科技极度发达、美得让人窒息、政权却高度集中的新世界中，人类失去人性的大悲剧。他还翻译过苏联革命现实主义的小说《分离》和《大屠杀》。赵家璧对外国现实主义文学作品的大力推介顺应了1930年代中国文艺的主流思潮，为中国作家在现实主义艺术道路上的开拓创新提供了强大的助力。

赵家璧对现代主义的创作方法也持包容态度，充分肯定了乔伊斯、多斯·帕索斯、瓦尔多·弗兰克、海明威等人的艺术贡献。赵家璧注意到了意识流手法的创新性，说它"最适合于描写这错综复杂的现代社会的……要把这整个现代社会的面貌描画下来，横断手法是最理想的"④。赵家璧对美国现代主义小说家舍伍德·安德森表现出极大的兴趣，翻译了他的《冒险》《手》《成熟》《纸团》等作品，并对他的文学成就给予高度肯定，在《新传统》中单列一节予以阐述，称赞他是

---

① 赵家璧：《〈茶花女〉及其作者》，载上海鲁迅纪念馆编《赵家璧文集》第3卷，上海文艺出版社，2008，第33页。
② 赵家璧：《一幕黄金的悲剧》，载上海鲁迅纪念馆编《赵家璧文集》第3卷，上海文艺出版社，2008，第213页。
③ 赵家璧：《一幕黄金的悲剧》，载上海鲁迅纪念馆编《赵家璧文集》第3卷，上海文艺出版社，2008，第214页。
④ 赵家璧：《从横断小说谈到杜司·帕索斯》，载上海鲁迅纪念馆编《赵家璧文集》第3卷，上海文艺出版社，2008，第242页。

"新兴美国文学发展中的一颗光明的新星"①。赵家璧还向中国读者推荐了美国表现主义剧作家尤金·奥尼尔,并对他的戏剧风格做了深入的剖析:他在人内心世界双重性的表现方面极具创意,可以借助面具来传达一个人所说话语的真假,大大革新了戏剧的表现手法。

此外,赵家璧还介绍了易卜生、哈代、歌德、萧伯纳、高尔基、赛珍珠等众多世界著名作家,把外国的现代文学成就全面地展示给中国读者。为了给纷繁的外国文学信息建立起逻辑关联,他把外国的文艺评论翻译到中国来,较著名的有赛珍珠的《东方、西方与小说》,高尔基的《论文学及其他》,聚集美国文学发展史的《新传统》和全面介绍欧美文学概况的《今日欧美小说之动向》。1934年,赵家璧从英国《半月评论》《现代小说之动向》专栏翻译各国权威作家撰述的文章,分别介绍了英、美、法、德、苏联、西班牙、北欧、意大利等国的文学,这些文章陆续发表在《现代》和《文学季刊》上,后汇编成《今日欧美小说之动向》一书,由良友公司于1935年1月出版。这本书带领读者对当时欧美文坛进行了总巡视,"包含现代各国小说的特点,正在风行和已成过去的流派,重要的作家和作品,以及未来的趋势等。材料新至1934年,所有世界上比较重要的国家,可以说全在这里了"②。书中共收9篇文论,这是中国文学翻译史上极具学术价值的一部文艺理论译作,原作者的学术高度不可忽视,赵家璧的译本在准确传达

---

① 赵家璧:《新传统》,载上海鲁迅纪念馆编《赵家璧文集》第1卷,上海文艺出版社,2008,第48页。
② 赵家璧:《今日欧美小说之动向》,载上海鲁迅纪念馆编《赵家璧文集》第4卷,上海文艺出版社,2008,第114页。

原作思想之外，又创造性地将各国文学评论进行汇编，自然使其成为人们了解世界文学格局的权威读本。

在引进外国作品、作家和文艺思潮的道路上，赵家璧是先行者，他的译介工作使广大读者深刻感受到了外国文学的异彩纷呈，特别是外国文学作品的写实精神、批判意义和现代派的一系列新颖的艺术手法对中国的文学创作产生了巨大的影响，使中国作家在艺术风格上的模仿、融合与突破成为可能。赵家璧的译介成果阐发和建构着1930年代中国的现代文学理论，引领着中国新文学创作的道路，指导了其后外国文学研究的方向，在中外文学交流中扮演着重要角色。

二 《新传统》的学术价值

赵家璧在传播各国文学的过程中，对美国文学抱有特别的研究兴趣。1934年，赵家璧首先在《现代》第5卷第1期上发表了亲自翻译的由 Milton Waldmand（米尔顿·沃德曼）所写的《近代美国小说之趋势》，这是《现代》杂志介绍世界各国文学发展状况的系列文章之一，较早地为我国输入了"美国文学"的概念。文章分析了美国小说从"英国的"走向"美国的"发展趋势，评介了20世纪初以来追求"阿美利加主义"的小说家詹姆斯、豪威尔斯、华顿、德莱塞、刘易斯、赫格西默、凯瑟和福克纳。文章认为，他们的文风、主题尽管有诸多不同，但都在努力回答"怎么样才是一个美国人"的问题，表明美国作家在使美国文学摆脱英国文学身份上的努力。同年，赵家璧又先后发表了近十篇论文，专门介绍美国文学的发展脉络及重要作家，后结集编成《新传统》一书，于1936年8月作为《良友文学丛书》第30种出版。《新传统》

是一本自成体系的美国文学断代史著,是我国较早研究20世纪美国小说的论文集,在当时美国文学被人轻视的环境下,这本书以公正客观的介绍把美国文学带进了文学界的视野。1930年代,美国文学经过100多年的发展已经取得了一定的成就,但由于其一贯对英国文学的强烈依附,素来被看成肤浅的暴发户文学而受人轻视,人们并未对美国文学之"美国"特质进行深入探讨。此时的赵家璧却发现了美国文学的宝贵价值,他坦言:"美国的文学是素来被人轻视的,不但在欧洲是这样,中国也如此。"[①] 而他之所以毅然选择美国文学作为研究的对象,其实隐含着矫正当时人们的这一普遍错觉的意图。赵家璧认为,美国文学摆脱殖民地文学的阴影、创立民族文学独立而鲜明的新传统,与中国新文学的革命具有内在的一致性,中国新文学应当从美国文学的发展史中看到希望、获得借鉴。

《新传统》由10篇文章构成,第1篇《美国小说之成长》概述了150年来美国文学发展的历史,其他9篇分别评论了特莱塞(Theodore Dreiser,今译作德莱塞)、休伍·安特生(Sherwood Anderson,今译作舍伍德·安德森)、维拉·凯漱(Willa Cather,今译作薇拉·凯瑟)、裘屈罗·斯泰因(Gertrude Stein,今译作格特鲁德·斯坦)、桑顿·维尔特(Thornton Wilder,今译作桑顿·怀尔德)、海敏威(Ernest Miller Hemingway,今译作海明威)、福尔格奈(William Faulkner,今译作福克纳)、杜司·帕索斯(John Dos Passos,今译作多斯·帕索斯)、辟尔·勃克(Pearl S. Buck,今译作赛珍珠)9位最具代表性的美国作家。现代美国文学经过20世纪初的独立,

---

[①] 赵家璧:《新传统》,载上海鲁迅纪念馆编《赵家璧文集》第1卷,上海文艺出版社,2008,第3页。

第三章　借鉴外国文艺

到1930年代已经逐渐形成了美国自己的新文学图景，作者把论文集取名为《新传统》，意在强调美国文学是脱离英国文学传统而自我成就的。赵家璧写作此书的目的在于跳出"英美文学"的立场，"把美国产生的文学当做（作）'美国的'文学看"①。当时我国处在新文学运动发生后的十年，新文学同样面临一个自我定义、自我成就的问题，赵家璧无疑是借《新传统》为中国的新文学寻找志同道合的盟友，为中国的文学创作开拓更多思路。他在该书《序言》中表达了两层含义：一是指出中国的新文学与美国的文学是同病相怜、"有些相似"②的，相似点在于"口头语的应用、新字汇的创制、各种写作方法的实验"③方面，彼此都在努力创新，并且都在"向现实主义的大道前进着"④。二是指出美国文学作品的价值是让我们"可以从他们的作品里认识许多事实，学习许多东西"⑤。显而易见，《新传统》一书的意义并不仅仅在于论述美国文学的独立性，更深远的意义在于启示中国文学现代化的进程。

《新传统》以现实主义为主线对20世纪前期美国小说的发展史进行了描述。作者认为，马克·吐温及布莱特·哈特等早期作家的创作可以称为"边疆现实主义"（Frontier Realism）

---

① 范用：《爱看书的广告》，生活·读书·新知三联书店，2004，第43页。
② 赵家璧：《新传统》，载上海鲁迅纪念馆编《赵家璧文集》第1卷，上海文艺出版社，2008，第3页。
③ 赵家璧：《新传统》，载上海鲁迅纪念馆编《赵家璧文集》第1卷，上海文艺出版社，2008，第3页。
④ 赵家璧：《新传统》，载上海鲁迅纪念馆编《赵家璧文集》第1卷，上海文艺出版社，2008，第3页。
⑤ 赵家璧：《新传统》，载上海鲁迅纪念馆编《赵家璧文集》第1卷，上海文艺出版社，2008，第3页。

或"初民的现实主义"(Primitive Realism),豪威尔斯的创作与左拉和托尔斯泰比较相似,但他的作品"虽然所取的材料都是典型的美国的,但是他所着重的那些经验,和美国人的生活还不很适合"。[①] 最终就只能使他在朴实的平民世界与浮华的中产阶级之间摇摆,他对于现实的一切都隐藏了其应有的批判锋芒,所以只能称之为"缄默的写实主义"(Reticent Realism)。19世纪末期美国文坛上掀起的所谓"暴露运动"(Muckraking Movement)使专注于个人经验的文学写作开始有了"社会的"内涵,"这一运动的中心思想是:他们觉得工业制度并不是一样不可取的东西,但是当工业制度的利益完全到了私人的手掌中而不能为社会谋利益时,就应当把社会重新改组过,使它的利益平均分配。……所以暴露运动也可以称为社会的改良主义者"。[②] 而由此所产生的"许多带有社会意识的政治小说和商业小说,把美国人的目光,第一次由'个人的'转变为'社会的'了"[③]。辛克莱和杰克·伦敦所带来的是社会主义的写实主义的雏形。由于经济的迅猛发展,社会上也产生了一个特殊的"拟贵族阶层"(Pseudo-aristocracy),"每天在度着悠闲日子的生活中,便自然地发生了对于文艺上的雅兴"[④],并开始"逐渐对于有作用的小说感到厌恶"[⑤],于是才产生了

---

① 赵家璧:《新传统》,载上海鲁迅纪念馆编《赵家璧文集》第1卷,上海文艺出版社,2008,第11页。
② 赵家璧:《新传统》,载上海鲁迅纪念馆编《赵家璧文集》第1卷,上海文艺出版社,2008,第14页。
③ 赵家璧:《新传统》,载上海鲁迅纪念馆编《赵家璧文集》第1卷,上海文艺出版社,2008,第14页。
④ 赵家璧:《新传统》,载上海鲁迅纪念馆编《赵家璧文集》第1卷,上海文艺出版社,2008,第17页。
⑤ 赵家璧:《新传统》,载上海鲁迅纪念馆编《赵家璧文集》第1卷,上海文艺出版社,2008,第17页。

第三章　借鉴外国文艺

维拉·凯漱（willa Cather）、华顿夫人（Edith Wharton）、凯贝尔（Cabell）等一类远离现实、专注描绘象牙塔里浪漫生活的作家。当然，同样产生了德莱塞、安得生和刘易斯这样的"真实的现实主义"（Candid Realism）的作家，但德莱塞和安得生的"旁观者"的姿态显示的是他们明显的个人主义倾向，刘易斯则更看重每个社会投射在每个人身上的精神系统的真实，这一现实主义途径的最新继承者与开拓者则是帕索斯。"他替美国的现实主义开辟了一条新路，不是缄默的写实主义，也不是个人主义的写实主义，而是社会主义的写实主义。在他的小说里，我们不看到个人，只看到整个的活的社会在依着历史的铁律向前行进着。……这一种完全脱胎于活的社会的活的写作法，便把旧浪漫主义的最后渣滓全部沥清了。"[①] 正是因为有了继马克·吐温以后诸如杰克·伦敦、德莱塞、安得生、辛克莱及帕索斯等一系列优秀作家，才真正使美国文学从根本上完全摆脱了其英国传统，从而确立起了全新的"美国格调"，使美国成为"世界文坛上最活跃最前进的一国"[②]。

美国文学的"美国性"是其区别于殖民地文学的重要因素，文学的"美国性"的形成得益于经济独立、民族意识增强和语言的逐渐变革，马克·吐温等早期作家开辟的具有鲜明美国特色的现实主义文学道路就是"美国性"的最好诠释。美国特色既体现在文学技巧方面——"至于文学的结构到帕索斯和福尔格奈，也已打破了传统的方法，变动了文字的拼音，吸收了许多黑人的、德文的、法文的，以及各地的方言和

---

① 赵家璧：《新传统》，载上海鲁迅纪念馆编《赵家璧文集》第1卷，上海文艺出版社，2008，第29页。

② 赵家璧：《新传统》，载上海鲁迅纪念馆编《赵家璧文集》第1卷，上海文艺出版社，2008，第29页。

土语，创造了自己的韵律，组成了自己的散文了"①，也体现在内容题材方面——"不但在形式上是美国的产物，他的故事和思想，也是写实的美国的"②。当美国文学与英国文学从文字的格调、创作的方法和故事的题材都显示出清楚的分野时，美国文学就真正地实现了独立，成为可称作"美国的"民族文学。

正如"一千个读者心中有一千个哈姆雷特"，站在不同的立场，人们所看到的美国文学形象总是千差万别，对美国文学历史的解读也不尽相同。在文学政治化倾向非常突出的1930年代，赵家璧以中立、包容的文学态度看待和欣赏美国文学史上纷乱的文学现象，并通过《新传统》一书写出了他眼中的美国文学形象，学者张宝林指出："该著作在阐释美国小说的传统时，既引入了民族/国家话语，又借用了1930年代初开始流行的社会主义现实主义话语标准，最终建构出了多元共存、一元独秀的美国文学新形象。"③ 赵家璧认为，美国文学中以自身独有的特色迅速崛起于世界文坛的内在动因，就在于其"民族主义的形式，社会主义的写实主义的内容"④ 的"新传统"。现代美国文学所取得的成就是一代又一代美国作家所构筑起的"新传统"的必然结果，更代表了世界文学发展的"民族主义""现实主义"主流，它无疑为中国作家展示了一

---

① 赵家璧：《新传统》，载上海鲁迅纪念馆编《赵家璧文集》第1卷，上海文艺出版社，2008，第9页。
② 赵家璧：《新传统》，载上海鲁迅纪念馆编《赵家璧文集》第1卷，上海文艺出版社，2008，第27页。
③ 张宝林：《左翼立场与美国文学形象建构——论赵家璧的美国现代小说研究》，《甘肃广播电视大学学报》2017年第1期。
④ 赵家璧：《新传统》，载上海鲁迅纪念馆编《赵家璧文集》第1卷，上海文艺出版社，2008，第29页。

条使富有民族特色的文学真正立足于世界文坛的全新的路径。

从学术贡献来看,《新传统》是当时中国系统研究美国现代文学的纲领性读本,有学者评价:"《新传统》填补了中国研究美国现代文学的空白,在中美文学交流史上值得大书一笔。"[1]《新传统》启发着美国文学研究者进行更深入细致的研究,翻译家冯亦代这样评价赵家璧对他的影响:"他写的《新传统》,左右了我一生的文学道路……成为中国读者系统研究美国文学的嚆矢。……根据家璧在《新传统》叙述的作家,我挨个读他们的作品,从而更坚定了我熟悉和研究美国文学的决心。"[2]《新传统》可以看作赵家璧构建美国文学谱系的初步尝试,他在1940年代主持晨光出版公司期间,又组织焦菊隐、徐迟、冯亦代等一大批专家完成了对《美国文学丛书》(17种19册)的大型翻译出版工程,从而对美国文学谱系进行了再次完善。不可否认,赵家璧是较早对美国文学开展系统性研究的前辈学者,他对福克纳、海明威在中国的传播具有开创性意义,他在我国的美国文学接受史上应当享有崇高的地位。

赵家璧在文学翻译事业上不仅有独到的理论见解,而且有丰硕的翻译成果,他的翻译作品和外国文学评论文章是中国文学翻译史上重要的文献,为后世研究者指明了方向。翻译行为本身就是一种文化操控,赵家璧试图借助欧美现代文学启蒙中国文学的现代性,他通过翻译和评论欧美文学作品和作家来抒发对中国新文学理想状态的构想。他学术功底深厚,他的美国

---

[1] 陈子善:《杰出的编辑出版家——追忆赵家璧先生》,载上海鲁迅纪念馆、上海文艺出版社编《赵家璧先生纪念集》,上海文艺出版社,1998,第117页。

[2] 冯亦代:《祭赵家璧》,载上海鲁迅纪念馆、上海文艺出版社编《赵家璧先生纪念集》,上海文艺出版社,1998,第20页。

文学研究开辟了我国对外国文学研究的新领域和新思路。国内以往对于赵家璧在外国文学传播与研究方面的成就重视不够，近几年才渐有起色，我们有理由相信，在深入解读赵家璧的外国文艺理论观点之后，会更好地解读他建设中国现代文学的一系列行为。

赵家璧通过编辑和翻译行为向中国输入外国文学作品，推动了现代意识在中国社会的普及，极大地促进了中国现代文学体系的完善。与普通著作的出版流程相比，翻译著作增加了翻译环节，译本中累积了原作者、翻译者和编辑者三方的话语权力。从这个角度来看，赵家璧对外国文学的传播与他对中国现代文学的传播殊途同归，最终指向的都是中国本土现代文化与现代文学的构建。无论是用卢因的"把关人"理论来剖析媒介编辑的行为，还是用勒菲弗尔的操控论来解释翻译者的行为，赵家璧在中国现代文化的缔构过程中都扮演了向导角色。不可否认，他传播外国文学的目的在于为中国的文学创作和文学体系建设寻找榜样和依据，但作为一名媒体从业者，他文学理想的表达与实现都只能取决于他所编、所译文本的命运。

第四章
编纂文学选本
——建构现代社会的文学经典

在新文化运动发生之后十几年的1930年代，中国的现代文学并未畅通无阻地发展下去，相反有人对其历史合法性提出了质疑。在新文学阵营内部就文学创作是否应脱离政治意识形态束缚而完全自由这一问题出现了分歧，各家流派都有一套可以自圆其说的理论体系，论争十分激烈。在这种情况下，全面反思五四文学精神就显得十分必要。编选现代文学选本在本质上是对现代文学的成果进行审阅，经过一番去粗取精的严格筛选，将具有经典潜质的文学作品集中起来，为中国文学的现代化发展路径寻找实践依据，以彰显现代文学的优越性，强化其历史合法性。中国历代都十分重视文学选本的编纂，它凝聚了作品的精粹，在文学的经典化过程中发挥着重要作用。在古代文学选本中，早期成书的如《诗经》和《文选》，晚期成书的如《古文观止》和《唐诗三百首》，无论是入选的篇目还是这些选本本身，至今都散发着经典的光芒，照亮了一代又一代读者的文学之路。在机械印刷时代，选本的出版变得更加便捷，这导致文学选本与文学经典之间很难建立起必然的因果关系。

但是，选本制作是在特定文艺观念指导下的出版行为，或轻或重地体现了编选者从自己的立场书写文学史、建构文学经典的意图。

经典的形成过程复杂而艰辛，充满了符号权力的角逐。正如布仑斯所说："所谓文学经典，并不属于文学的范畴，它是一种属于权力的东西。"[①] 布尔迪厄认为，文学是一种符号资本和话语权力，文学场的产生、文艺审美观的冲突与竞争、语言形式的守成与革新、文学人的游戏规则等都与文学的这种符号权力特性纠缠在一起。回顾漫长的人类文学史，我们可以看到，权力是文学演化的首要动力，文学语言及文学范式的合法性与正当性，都是在不断变动、此消彼长的。现代文学选本编纂的过程既是文学话语权力冲突与竞争的过程，也是现代文学巩固自身合法地位的过程。

新文学合法地位的建构，总是有利于在特定场域中占据支配性位置的人，也就是那些可以驾轻就熟地使用这种语言、表现这类题材的行动者或者集团。在文学的生产中，尤其是在印刷工业时代的文学生产中，出版商及其编辑人员对文学资源的操控拥有先天的优势，他们自然就成为现代文学合法化的推动者和受益者。赵家璧以文学编辑的身份进行文学生产，这个职业身份本身已经赋予他在文学生产中的某种权威性和优越性。能胜任这一职位的人，自身的文学生产能力和文学评价能力是已经被认可了的；另外，在这一职位工作的人，对他人生产的作品具有鉴别、选择、评价、决定出版与否的权力。因此，在文学生产的权力关系中和文学语言的交换市场中，他是支配者，是文学符号权力的拥有者，他可以通过作品中特有的叙事

[①] 孙康宜：《文学经典的挑战》，百花洲文艺出版社，2002，第79页。

模式，把一定的意义、规范和意识形态传递给文学的消费者和接受者。在文本阅读过程中，读者潜移默化地接受了作家及编者所传达的价值观："在文学的阅读经验中，读者被强加以做出善与恶、真与伪、美与丑、理想与现实等区隔，并要求做出接受善、真、美、理想的选择，与此同时，这些文学文本的读者也接受了建基于其上的意识形态假定，也就是说，读者在此过程中被建构为臣服于绝对主体的具体主体，读者与作者、文本主人公等在这里实现了认同。"[1] 文学编辑的这种权力优势使赵家璧能够借助文本在一定程度上影响社会对其新文学观念的认同和接纳。

赵家璧是现代文学出版资源的掌控者，又是新文学样式的坚定捍卫者，他很清楚地知道，编纂文学选本是建构文学经典并进一步巩固特定文学范式合法性的必要手段。赵家璧在1930年代策划编辑的一系列新文学选本，特别是《大系》，成为中国现代文学经典建构的基石。他的文学编辑活动是现代文学传播中的一股重要力量，在实际效果上起到了巩固中国现代文学合法地位的作用。

第一节　文学选本与经典建构

在中国现代文学的成长过程中，选本的编纂是一个十分重要的工作。现代文学选本有助于确立作品的经典地位并促进作品的广泛传播，是中国现代文学巩固自身合法地位的必要手段。精良的文学选本将经受时间的考验成为中国现代社会的文

---

[1] 朱国华：《文学与权力：——文学合法性的批判性考察》，北京大学出版社，2014，第24页。

学经典，引领文学创作的方向。所谓文学经典，是指"精选出来的一些著名作品，很有价值，用于教育，而且起到了为文学批评提供参照系的作用"①。作为专业的文学编辑，赵家璧具有一种与众不同的经典建构意识，这种意识并非一日养成，而是他博学慎思的文化品格在编辑工作中的具体体现。敏锐的洞察力和高远的识见力形成了赵家璧高度自觉的文学史建构思想，这使他总是能够洞悉社会文化结构与广大读者的文化需求，并寻求、创造和挑选高质量的文本进行整合性传播，为确立现代文学作品的经典地位创造条件。

一 新文学选本建构经典的功能

学者赵勇在《从传统到现代：文学经典的建构元素》中提出，发现人、选本和评点是经典建构中最基本的三个因素。选本总是和编选者联系在一起，因此选家也是文学经典的发现人。而编纂文学选本是一种特殊的文艺批评方式，它通过对文学作品的慎重取舍与艺术价值排位表达褒贬意见，建构起一套经典文学评价系统。从这种意义上说，选本汇集了上述经典建构的三个基本因素，具有保存文献、举荐无名作家、推荐优秀作品的功能，对文学批评和文学史都将产生重要影响。鲁迅曾提出："凡是对于文术，自有主张的作家，他所赖以发表和流布自己的主张的手段，倒并不在作文心，文则，诗品，诗话，而在出选本。"②选本工作体现了新文学生产者和传播者的自觉努力，从主观和客观上促进了新文学的发展。如果要确立作

---

① 〔荷〕D.佛克马、〔荷〕E.蚁布思：《文学研究与文化参与》，俞国强译，北京大学出版社，1996，第36页。
② 鲁迅：《集外集·选本》，载《鲁迅全集》（大字线装本）第7卷，人民文学出版社，2014，第480页。

家与作品的经典地位，在最具体的操作层面莫过于从庞杂浩瀚的作品中精挑细选，做出一个特别具有说服力和权威性的集萃本。一般来说，当这个集萃本为公众所信服接纳之后，人们就会依据入选与否、入选频次和编选者评价性的意见来判断作家的文学成就与作品的艺术水准。因此，集萃本又代表了某种威望和荣誉，成为文学场内较为稀缺的象征资本。

"象征资本"来源于布尔迪厄的社会实践理论，原本是指由社会赋予某事物以"意义"或因该事物在社会上的声名和地位而具有的价值，是一种隐蔽的、无形的资本形式。文学的象征资本是通过文学场内权力既有者的评论、推荐和编辑精粹本的方式来赋予的，它是文学生产的重要形式，更重要的是，象征资本可以通过文学的市场化转化为经济资本。由于精粹本的容量有限，文学的象征资本也就成为稀缺资本，那些拥有较高象征资本的文学作品往往就更能引起读者的关注，不仅可以取得较好的销售成绩，而且能够树立文学作品的经典样板，使创作者产生见贤思齐的内驱力，进而促进文学创作的繁荣昌盛。

选本编辑相较于一般图书的编辑而言并不轻松，既要广泛阅览文献资料，又要用一定的观点精心统摄。阿英是我国较早着手整理新文学史料的学者，他就对编辑选本深有感触，说："唐显悦序《文娱》曰：'选之难倍于作。'这个'倍'，我是不能完全同意，但严肃的文选家工作的艰苦，并不亚于写作者，却是不容否认的事实。……没有统一的观点，独特的眼光，其结果是必然的失败，选文绝对不是一件轻而易举的事。"[①] 并非所有的文学选本都能成为经典读本，文学的经典性究竟该如

[①] 阿英：《论文选》，载《阿英全集》第4卷，安徽教育出版社，2003，第42页。

何评判呢？学者黄曼君提出："概括起来说，可以从思、诗、史三个方面来把握。第一，在精神意蕴上，文学经典闪耀着思想的光芒。第二，从艺术审美上来看，文学经典应该有着'诗性'的内涵。第三，从民族特色来看，文学经典还往往在民族文学史上翻开了新篇章，具有'史'的价值。"① 这是从文学的内部来寻找文学经典化的核心内涵。学者吴福辉又从文学的外部提出了文学经典化衡量的标准，他认为：第一条，经典作品具有史学意义，经过历史淘汰后依然存活，总能代表时代文学的高度，今后的文学史叙述对此绕不开，能指导别人；第二条，经典作品彰显了文学在某方面的永恒性，能够超越时代，比如革命作家代表革命性、代表永恒，自由主义作家代表人性、代表永恒；第三条，有几代读者在读，作品至少被几代人接受，并有持久的影响力。② 可见，一个选本要想达到"经典"的高度，除了符合严格的学术标准外，还要经受历史的考验。

尽管 1930 年代与五四新文学的发生间隔不算太久，似乎还没有建构经典的时间资本，但任何事物终将走入历史，新文学的建设者有权力指出那些具有经典潜质的作品。文学选本就是这种方式的经典建构实践，而事实上，权威的选本往往会将作品中经典的"可能性"变为"确定性"。由于编者队伍中不乏文坛名家与学术权威，赵家璧早期完成的文学选本确实奠定了中国现代文学经典读本的基础。当新文学遭受质疑并陷入纷争时，编纂选本、建构经典的行为有助于巩固新文学革命的历史合法性，也有助于重塑新文学的形象，具有时代的迫切性。

---

① 黄曼君：《回到经典　重释经典——关于20世纪中国新文学经典化问题》，《文学评论》2004年第4期。
② 吴福辉：《中国现代文学的经典化过程》，载陆挺、徐宏编《人文通识讲演录（文学卷二）》，文化艺术出版社，2007，第207页。

第四章　编纂文学选本

五四文学革命有自己的发生逻辑，绝非凭空而来。从梁启超提出"诗界革命""小说界革命""文界革命"，到胡适、陈独秀倡导白话文运动，再到赵家璧的《大系》对中国新文学第一个十年成果的整理与总结，这是中国文学走向现代化的三个重要节点。如果说梁启超是为中国文学指明了革新方向的话，那么五四文学革命则提出了更契合国情与时代的具体举措，赵家璧主持编纂的《大系》则标志着中国新文学开始对以往业绩主动进行阶段性的检视与总结，成为中国现代文学经典化建构的起点。赵家璧的文学编辑活动深受五四文学革命的启蒙，是对五四文学传统的传承和保护，也是对新文学符号权力的进一步捍卫与强化。

近代中国的文学改良运动启蒙了五四时期的文学革命。梁启超是维新派的代表人物，他在文学理论上引进了西方文化及文学的新观念，首倡近代各种文体的革新，并倡导了"诗界革命""小说界革命""文界革命"。高语罕指出："谈到中国新文学运动，不应当忘却梁任公先生的开创之功。他在戊戌政变以后，便大胆地运用西洋文法写文章，极力输入日本和西洋的科学上和文化上的一切名词和术语，并把日文和西文的作风移植到中国文学，这在中国新文学运动的初期可以说是一种启蒙的作用。"① 新文化运动为文学革命提供了最直接的背景和动力。辛亥革命失败后，封建军阀企图复辟帝制，尊孔读经等旧文化旧思想又严重阻碍着民族意识的觉醒，国家民族再次处于危难之中。于是，先进的知识分子在西方新思潮影响下，掀起了以"开启民智"、反对封建制度和文化为中心的思想启蒙运动——新文化运动。与此同时又掀起以反对文言、提倡白

---

① 高语罕：《参与陈独秀葬仪感言》，《大公报》1942年6月4日。

话,反对旧文学、提倡新文学为内容的文学革命运动。

文学革命运动的开展并不是一帆风顺的,它遭到了封建保守派和复古派林纾以及"学衡派""甲寅派"的阻挠和反对,新文学阵营同他们进行了坚决的斗争,捍卫了文学革命的成果。其后,随着新派的革命文学潮流愈益高涨,文学从内容到形式发生了一系列的变化:民主、自由、个性解放、人道主义思想代替了封建专制主义和旧的伦理道德观念;农民、平民劳动者、新型知识分子等人物形象代替了帝王将相、才子佳人;"为人生"而写作的文学观念代替了"文以载道";形式新颖、言文合一的白话新诗、散文、新小说、话剧代替了格式陈旧、言文脱离的旧体诗、八股文、章回小说和旧戏曲。"凡此种种,都说明一种同旧文学迥然不同的新文学——现代文学出现了。"① 这表明新文学经过艰苦卓绝的斗争,已经奠定了其作为新时代文学话语的合法性地位。

1930年代中期,新文学革命历尽艰难取得的成果又遭遇了新的危机,文化复古运动开始针锋相对地抵制新文学,不仅国民党采取一些行政手段提倡尊孔读经的活动,而且在新文学工作者内部,也产生了否定白话文成就的言论。比如,有的人认为五四以后的白话文是"在语文上也只将'之乎者也'换了'的那呢吗'的变相八股"②,是一种"全不能为一般的大众所能懂的,充满了欧化气与八股气的'买办文学'"③,因而提出要向"死了的文言作战",同时,也得向"'洋八股的白话文'进攻"④。鲁迅对这种论调的评价是,"自己缴了自己

---

① 孙庆升:《孙庆升文集》(上卷),人民日报出版社,2014,第4页。
② 宣浩平:《大众语文论战》,上海启智书局,1934,第111页。
③ 宣浩平:《大众语文论战》,上海启智书局,1934,第136页。
④ 宣浩平:《大众语文论战》,上海启智书局,1934,第103页。

械"①。面对复杂的文学论争,赵家璧并没有贸然卷入唇枪舌剑,他想到的是编选出版五四以来中国现代文学的经典文本,让各方冷静下来并聚拢到五四文学革命的大旗下,重新体悟五四文学革命的精神,辨明方向,树立信心。

赵家璧通过建构现代文学的经典读本进一步强化并宣传了中国文学自身的"现代性",维护了新文学的合法性地位。尽管就当时来看,中国的文学革命才刚刚过去十年,但是赵家璧已经敏感地意识到文学革命的成果正在受到质疑,新文学通过树立经典作品和经典作家为自己正名不仅是当时的需要,更是后世读者了解新文学真实面貌的需要。在建立新文学经典的过程中,一部作品能不能进入选本,或者进入哪一系列的选本,体现了选家对作品的艺术评判。赵家璧的文学编辑活动带有鲜明的五四文学的烙印:作品大多采用通俗平易的大众化语言,借鉴西方文学的样式和叙事模式,提升小说的出版地位,在作品的主题意义上呈现追求民主、自由与个性解放等特点。赵家璧所编辑的文学选本是其新文学传播活动的重要组成部分,为巩固现代文学的历史合法地位做出了巨大贡献,在很大程度上影响了专业及非专业人士对中国现代文学经典的认同。

二 赵家璧所编文学选本的文献价值

在新文学的合法化过程中,出版的作用不容忽视。"出版除了公开发行文学作品以外,还直接对文学作品进行筛选、整理,爬梳文学史料,用一定的标准和理论描述出新文学'史'的风貌,从而使新文学合法化,形成一个新的传统。"② 在赵

---

① 鲁迅:《鲁迅全集》(大字线装本)第8卷,人民出版社,2014,第178页。
② 谢刚:《浒滧江上》,社会科学文献出版社,2014,第16页。

家璧文学编辑事业起步的时期，五四文学革命的余温尚存，历经 10 多年的发展，中国现代文学的范式逐渐形成，中国现代文学拥有了庞大的读者群，现代文学经典的建构成为当时亟待解决的重大任务——"作家确立现代文学经典的意识被 30 年代上海出版业不断鼓励，文学的经典化追求成为 30 年代出版业突出的时代特征，30 年代因此可以被看成现代文学经典化的起点"①，出版业的繁荣为文学经典化提供了出版技术支持和商业利益保证。现代文学的经典化，就是建构现代文学的经典著作，或者说，确立现代文学的经典地位。它由一系列工作环节贯穿起来："一般来说，文学作品的经典化是在文本原创之后的行为，是一项包括文本的整理、阅读、阐释、筛选、传播、入史等在内的复杂、系统、动态的文化工程。"②

在当时新旧书业并存的上海，赵家璧选择站在新文学行列中，为新文学的合法化贡献了智慧和力量。他认为："五四新文学运动以来，现代文学史上已有定评的文艺作品，屈指计算，为数也不少，这些书都是纸面平装本，分散在各处出，极难觅齐，如果我能把它择优编选，统一规格，印成一套装帧美观，设计新颖的精装本，可取名为'五四以来文学名著百种'之类，那不是克期可成的工程吗？"③ 他决心一改编辑被动等来稿的原有做法，主动出手："编辑是否也可以自己先有一个设想，要编成怎样一套书，然后主动组织许多作家来为这套书

---

① 冉彬：《上海出版业与三十年代上海文学》，上海文化出版社，2012，第 204 页。
② 金宏宇：《文本周边——中国现代文学副文本研究》，武汉大学出版社，2014，第 24 页。
③ 赵家璧：《话说〈中国新文学大系〉》，载上海鲁迅纪念馆编《赵家璧文集》第 1 卷，上海文艺出版社，2008，第 266 页。

编选或写作；整套书完成后，不但具有它自己独特的面貌，而且自成体系，如果不是为了适应编辑的这个特殊要求，作家本人不会想到要自己去编写这样一本书。这种编辑方法是否可以称为从无到有的创造性劳动呢？"[1] 赵家璧编辑文学选本的目的是十分明确的，一方面，向读者提供一种文学范本，以展示五四以来新文学的成果；另一方面，在1930年代新文学阵线明显分化的情况下，能够汇聚各方力量投入新文学的建设。

赵家璧在编辑工作中颇具前瞻性眼光，他把建构现代文学经典作为自己编辑事业的奋斗目标。《大系》就寄托着赵家璧树立经典的殷切期望，他说："希望从这部大系的刊行里，使大家有机会去检查已往的成绩，再来开辟未来的天地。"[2] 他又为良友公司策划出版了《世界短篇小说大系》《二十人所选短篇佳作集》等选本。赵家璧的个人文艺观念和编辑思想在选本中的投射，体现出一名文学编辑在新文学合法化和现代文化缔构进程中的话语权力。

赵家璧特别注重与名家合作策划选本，以增强读者对选本的信赖。知名作家是已经在新文学场域中占据核心地位的那些作家，他们在读者中有较高的知名度和号召力，是文学场内的话语权威。当时的赵家璧年纪尚轻，但他善于利用人际关系和社会资本为自己策划出版的文学图书赢得更好的社会声誉和更高的市场竞争力。有学者高度评价了这样的做法："赵家璧'邀

---

[1] 赵家璧：《话说〈中国新文学大系〉》，载上海鲁迅纪念馆编《赵家璧文集》第1卷，上海文艺出版社，2008，第266页。

[2] 赵家璧：《编辑〈中国新文学大系〉缘起》，载赵家璧编《书比人长寿——编辑忆旧集外集》，中华书局，2008，第107页。

约'社会名流、专家学者组成强大的编辑阵容,以他此前的社会交往为基础,是他作者资源的再利用。"[1] 因此,他的选本得到了广大读者与学者的肯定,扩大了社会影响。这些选本本身已经成为中国现代文学的不朽经典,为确立作家与作品的经典地位提供了依据。

《大系》的成功和国外文学年选图书出版的盛况激发了赵家璧的灵感,赵家璧产生了为中国新文学编纂年选的想法。文艺刊物的编辑总是能够最早发现优秀作品,他们也最善于沙里淘金、发掘新人新作,赵家璧决定与文艺编辑联手完成这部年选。赵家璧约请了编《文季月刊》的巴金、靳以,编《文学》的王统照,编《中流》的黎烈文,编《现实文学》的张天翼,编《大公报·文艺》的沈从文、萧乾,编《武汉日报》副刊《现代文艺》的凌叔华,编《东西南北》的洪深,还有郁达夫、茅盾、叶圣陶、郑振铎、郑伯奇、鲁彦、丁玲、老舍、朱自清、林徽因和郭沫若(由于种种原因郭沫若最终未参加,由赵家璧替代)20位编辑和作家,来共同完成短篇小说集的编选工作。具体要求是:每人在自己所读到的一年(1935年11月30日—1936年11月30日)中的短篇里推选1篇至3篇,再将之辑成1册。大家分布于全国各地,甚至寓居海外,为了照顾到文学界的各个方面和几个主要地区,赵家璧努力说服每一位编辑和作家参与到编选工作中来。他尝试用这种"凭各人自己的文艺观点和审美标准各选各"[2] 的做法,来展

---

[1] 李频:《"邀约能手":〈中国新文学大系〉成因解析》,《编辑学刊》2001年第1期。

[2] 赵家璧:《记四十五年前的一部小说年选》,载上海鲁迅纪念馆编《赵家璧文集》第1卷,上海文艺出版社,2008,第338页。

示当年"创作界的动向和文艺批评界的趋势"①。

选集编辑工作体现了编选者个体的审美评价与集体编选原则的结合,学者李频深刻地指出:"选集编辑是在一种新的文化背景下对已经面世的文学作品的重新审视。审视过程既是一个文艺批评的过程,也是一种社会文化的重新缔构活动,作为这一审视过程结果的编辑取舍,是直接受编辑者主体意识决定的。在编辑者筛选下来的作品中,不仅凝结着原作者与原编辑的主体创造价值,同样也包含着新的编选主体二度的文化创造价值。"②《二十人所选短篇佳作集》共选作品59篇,所涉作家共53位,除鲁迅、郭沫若、老舍三位属于新文学的第一代作家之外,其余都是新文学的第二代作家,其中不乏至今在国内外文坛享有盛誉的作家。因此,《二十人所选短篇佳作集》可以看作新文学的第一代作家对第二代作家的检阅与肯定,传达出文学家对中国社会现实和广大劳苦大众的热切关注,表现出中国现代文学发展过程中强烈的现实主义审美倾向。

刘白羽的第一篇小说《冰天》和第二篇小说《在草原上》均被选入,田涛发表于《国闻周报》的《荒》,早逝的女作家罗淑的《生人妻》都属于处女作,也都被选入,这为后人研究作家的创作经历和艺术水平提供了年代最为明晰的历史文献。《二十人所选短篇佳作集》选入了多篇报告文学作品,这反映了报告文学在1930年代逐步成熟并受到重视的现实背景,也展示了中国报告文学发展的部分成果。夏衍的《包身工》

---

① 赵家璧:《二十人所选短篇佳作集》,上海良友图书印刷公司,1937,第2页。
② 李频:《群体甄别对个人独识的超越——赵家璧主编〈二十人所选短篇佳作集〉解析》,《河南大学学报》(社会科学版)1991年第5期。

以上海日本工厂的中国女工所受的非人待遇为题材，宋之的的《一九三六年春在太原》描写了自己在山西军阀阎锡山白色恐怖下的生活经历，这是中国报告文学两部里程碑式的作品，分别由郑伯奇和黎烈文选入。还有几篇报告文学作品被选入，如陈白尘的《小魏的江山》，沙汀的《苦难》《查灾》，陈荒煤的《在长江上》。《二十人所选短篇佳作集》对东北作家群也给予了一定的关注，罗烽、萧军、萧红、舒群、端木蕻良的作品都有选入，他们以悲怆的笔调控诉日本侵略者对东北民众造成的苦难，在当时为唤起全国上下的抗战热情发挥了重要作用，对树立东北作家群的代表作家和代表作品也产生了巨大影响。

许多作家的早期重要代表作都收录在这本选集中，这对他们继续从事文艺创作给予了莫大的鼓励，引领了他们一生的文学道路。陈白尘曾说："我是在这一鼓励之下，坚定了终身从事创作信念的。"[①] 严文井的一篇《风雨》经萧乾推荐收入选集中，《风雨》广为流传，他才得以进入文化协会，开始从事专业写作。1937年初，这部选集顺利完成，后来由于时局影响，每年出一部选集的计划并未实现。《二十人所选短篇佳作集》成为中国现代文学史上第一个编辑年度选本，在中国现代文学史和中国编辑史上是非常值得关注的选本。1982年花城出版社重版赵家璧的这部选集，充分显示出它生命力的持久。

编纂选本是中国古代社会建构文学经典的惯例，随着印刷技术和文化的普及，文学出版数量激增，编纂选本也是编辑替读者把关读本质量，从而提高阅读效率的重要手段。文学史验

[①] 赵家璧：《记四十五年前的一部小说年选》，载上海鲁迅纪念馆编《赵家璧文集》第1卷，上海文艺出版社，2008，第339页。

证了选家与选本在作品经典化过程中所发挥的重要作用，那些具有文学史总结意义的选本往往直接或间接地为作家和作品进行了位次排列，表达了选家一定的文学批评思想。赵家璧组织编纂的选本之所以能在现代文学众多的选本中脱颖而出并长期流传，是因为他具有高度自觉的经典建构意识并坚持了传播进步文艺的原则。

第二节 对现代文学第一个十年的反思

——组织编纂《中国新文学大系》

赵家璧作为初入职场而名不见经传的小编辑完成了《大系》这一他早期文学编辑实践中的大手笔。在现代社会，编辑是促进文化缔构与积累的重要力量，有人对《大系》的编辑队伍深表叹服："一项历史性编辑出版大工程，竟能由一个'无名小卒'来当主编，而众多的新文学名声赫赫的宿将心甘情愿地接受其指挥，共成其事。"[①] 创造性的编辑思维与方法往往以社会的文化需求为基础，抵制在1930年代社会上出现的一股恢复文言、全面否认白话的逆流成为赵家璧组织编纂新文学史料文献的原初动力。林语堂站在白话文的对立面提倡文言语录体，原本在五四初期就攻击白话文运动的汪懋祖甚至借执掌教育有关部门的权力优势在中小学推行起尊孔读经的复古运动。种种乱象反映了新文学在当时遭受的排挤，尽管鲁迅、茅盾等进步作家重申了新文学的启蒙意义，但新文学要想取得文学的合法身份，还需要进行长期的斗争。赵家璧于是萌发了

[①] 邵凯云：《从〈中国新文学大系〉看赵家璧的主编特色》，《台州学院学报》2004年第5期。

整理编选五四以来文学创作并从宏观上梳理新文学运动的发生和源流的构想,以支援很受打压的新文学。在赵家璧的统筹与组织下,《大系》编撰工作顺利开展。《大系》在五四文学革命影响力日渐衰微的时刻深刻地反思了中国新文学运动第一个阶段(1917—1927年)的得失,起到了总结历史、昭示未来的作用。时代背景促成了《大系》对五四文学革命进行历史化与经典化建构的功能。《大系》虽是史料汇编,却具有重要的现实意义,在当时有力回击了新文学的对立方,郑振铎说:"至少是有许多话省得我们再重说一遍。懒得去翻检旧案的人,在这里也可以不费力的(地)多见到些相反或相同的意见。"[①]《大系》重塑了新文学作家的信心,为中国现代文学的学术范式奠定了基础,如今已经成为研究中国现代文学及其理论的必读书目。

一 《大系》中的集体智慧

《大系》是集体智慧的结晶,虽然年轻编辑在文学领域没有太大威望,但是赵家璧善于开拓作家资源,名家联袂编选的《大系》弥补了编辑个人知识结构的缺陷,显示出分属各派文学阵营的作家们在建设中国新文学共同事业中的凝聚力。

《大系》的编辑思路从日本丛书而来。赵家璧常去日本人开办的内山书店,那里的图书目录和宣传品中有不少是关于成套书的,有些是专门出版新作品,有些是整理编选旧作品,范围很广,涉及文学、艺术各个门类。五四文学革命以来的文艺作品分散各处,整理编选工作显得非常必要,赵家璧带着强烈

[①] 赵家璧主编,郑振铎编选:《中国新文学大系·文学论争集》,良友图书印刷公司,1936,第26页。

第四章　编纂文学选本

的使命感和对新文学事业的热情开始了这项工作。为他解决资料来源的第一个关键人物是阿英。阿英对五四文学革命充满了研究兴趣，编写过《中国新文学运动史资料》。他把自己收藏的新文艺书籍和期刊拿给赵家璧看，其中不仅有很多是上海的大图书馆都未收藏的，而且许多是初版本或作者签名本，这些珍贵文献让赵家璧信心倍增，他说："现在有了阿英藏书作（做）靠山，让我看到了希望，我可以起步了！"[1] 阿英又向赵家璧推荐了刘半农的《初期白话诗稿》。这部诗稿把搜集到的李大钊、沈尹默、沈兼士、周作人、胡适、陈衡哲、陈独秀、鲁迅8人共26首白话诗手迹原稿影印成册，这为赵家璧依照文体分集编选的方法提供了范例。

王哲甫于1933年出版的《中国新文学运动史》是第一本研究新文学运动的著作，茅盾看过后认为它立意虽好却不能算作成功，他希望"有一部搜罗得更完备，编得很有系统的记载'史料'的书"。[2] 赵家璧策划的《大系》应运而生，把"完备、系统"作为目标。作家们纷纷建言献策，帮助赵家璧进一步细化编选方案。施蛰存向赵家璧建议，这样一部大书，只编选作品还远远不能尽如人意，如有史料与理论文章相配合，方能显出学术分量。赵家璧借鉴日本成套书所常用的"大系"二字为丛书命名，不仅有新意，而且极为恰切，"大"体现出工程之分量，"系"体现出结构之完备："既表示选稿范围、出版规模、动员人力之'大'，而整套书的内容规划，又是一个有'系统'的整体，是按一个具体的编辑意图有意识地进

---

[1] 赵家璧：《话说〈中国新文学大系〉》，载上海鲁迅纪念馆编《赵家璧文集》第1卷，上海文艺出版社，2008，第269页。

[2] 赵家璧：《话说〈中国新文学大系〉》，载上海鲁迅纪念馆编《赵家璧文集》第1卷，上海文艺出版社，2008，第276页。

行组稿而完成的，与一般把许多单行本杂凑在一起的丛书文库等有显著的区别。"① 于是，最终定名为《中国新文学大系》。此后，便开始进行对选题计划诸多细节的完善工作。

首先，确定《大系》的起止年限。《大系》的目标在于为五四以来的新文化运动进行整理总结，并且是分文体编选，就必须先为选稿设定统一的起止年限。赵家璧与阿英、郑振铎和茅盾对此进行了审慎的讨论，发生五四运动的1919年、发生五卅运动的1925年、发生北伐运动的1927年，都是大家比较关注的时间节点，所以提出过1919—1925年或1919—1927年几种划分方法。考虑到倡导新文学革命的许多篇章早于五四运动，胡适的《文学改良刍议》和陈独秀的《文学革命论》均发表于1917年，茅盾主张将选稿的上限限定于1917年。大家采纳茅盾的意见，将选稿下限定为1927年，这既肯定了北伐运动作为政治事件的断代意义，也强调了1928年左联成立及革命文学兴起在文学史中开创新时代的作用。于是，第一个十年（1917—1927年）的编选计划就诞生了，这被称作《大系》的第一辑，也是中国现代文学的第一部断代文献总集，这样的命名方式预示着类似的编选工作还将继续。

其次，组建强大的编选团队。赵家璧提出的选题创意，对这部书虽然很重要，但是，任何一个巨大而优秀的图书工程都不可能靠编辑一人来完成，赵家璧的过人之处就在于能够邀约众多文学界名流，组织起一个强大的编辑群体来共同完成目标。邀请专业权威人士成为最重要的一条编辑方案，他说："这样一项大工程，我一定要去物色每一方面的权威人士来担

---

① 赵家璧：《话说〈中国新文学大系〉》，载上海鲁迅纪念馆编《赵家璧文集》第1卷，上海文艺出版社，2008，第271页。

任",并且明确了编选人员的职责:"由他择优拔萃,再由他在书前写一篇较长的序言,论述该一部门的发展历史,对被选入的作家和作品进行评价。"不仅如此,他还有一个想法,那就是让广大新文学的参与者青史留名,书中要有史料说明文字:"每个文艺团体有一篇短史,每个重要作家附一段小传;再把这一部门未入选作品编一详目附于书后,说明出处,好让读者去自己查阅,借此可了解这一部门十多年来的收获。"① 这样的编辑构思,使《大系》在体系上保持严整,在学术上保持高水平,成为此后同类文献纷纷效仿的编辑方法。

从总体上说,在《大系》的编选团队中左翼力量比重突出。赵家璧作为出版机构的代理人在专家团队的论争中本应保持中立,但是他对左翼团体抱有极大的同情,鲁迅和茅盾是他最重要的两位精神导师。他承认在选题策划初期格外注意其"在当前的政治斗争中具有现实意义"②,但考虑到"这样一套规模大、投资多的《大系》,完全找左翼作家来编,不来一点平衡,肯定无法出版"。③ 而且1930年代文学的商业价值日益凸显,即使从良友公司商业利益角度进行考虑,像胡适、周作人这样的名家也应在邀请之列。所以,赵家璧对政治倾向和商业效益进行了周详的考虑,才成就了《大系》后来看似平衡的编选人员比例。而实际上"左"占据了《大系》的主干位置,"右"和"中"则处于旁枝甚至被压抑的地位。

---

① 赵家璧:《话说〈中国新文学大系〉》,载上海鲁迅纪念馆编《赵家璧文集》第1卷,上海文艺出版社,2008,第267页。
② 赵家璧:《话说〈中国新文学大系〉》,载上海鲁迅纪念馆编《赵家璧文集》第1卷,上海文艺出版社,2008,第268页。
③ 赵家璧:《话说〈中国新文学大系〉》,载上海鲁迅纪念馆编《赵家璧文集》第1卷,上海文艺出版社,2008,第274页。

为了确保《大系》的顺利运作，赵家璧进行了精心的设计。作为一部集大成的著作，挑选出最佳人选组成强大的阵容必定有利于整部作品的成功。经过朋友们的讨论与推荐，《大系》最终确定由10部专辑组成，分别交给10位编选者完成。在拟定的编选者名单中，早已经引起国民党政府忌惮的两位作家鲁迅和郭沫若遭到了文化审查部门的反对。眼看整部大书的出版计划要受到影响，赵家璧极力周旋，最终把鲁迅保留在编选者名单中，这才使《大系》呈现我们现在看到的编选者的构成方式。《大系》请蔡元培这位德高望重的长者做总序，请最早提出"文学革命论"的胡适担任《建设理论集》的编选人，请著名文学史家郑振铎编选《文学论争集》，请文学研究会的元老茅盾编选有关文学研究会作品的《小说一集》，请中国新文化运动的旗手、与各地文学团体有联系的鲁迅先生编选有关新潮社、沉钟社、莽原社作品的《小说二集》，请创造社的主将郑伯奇编选有关创造社作品的《小说三集》，请著名散文家周作人、郁达夫分别编选《散文一集》和《散文二集》，请著名诗人朱自清编选《诗集》，请著名剧作家洪深编选《戏剧集》，请著名目录学家、史料学家阿英编选《史料索引》等。从编选者名单可以看出，文学各领域的专家都汇聚于此，保证了编选的专业性和权威性。在编选者中，既有左翼的干将鲁迅和郑伯奇，也有非左翼的胡适、周作人和朱自清，在文化视野上达到了一种平衡，其"全面、公正"的形象赢得广大读者的信任。他们或为文学运动发端的领袖，如胡适、周作人；或为重要刊物的主持人，如茅盾、郑振铎；或为当时重要作家，如鲁迅、郁达夫、郑伯奇、朱自清、洪深；或为史料收藏家，如阿英。这样10个人通力合作编选出来的一部500万字的总集,可以说是把代表新文学运动"第一个十年"最高水平的作家作品全部选入了《大系》。每一部专集约50万字,各附编选者引论约2万字,这些引论为五四文学革命的历史评价定下了基调,成为研究新文学发展史的重要文论。蔡元培在总序中指出,《大系》展示了我国新文学运动"第一个十年"的实绩,希望"第二个十年""第三个十年"取得更大的辉煌。

最后,妥善处理版权问题。民国时期,出版物的版权保护意识已经十分普遍,赵家璧在构思选题方案时,就必须要面对编选文稿时较为分散的版权归属问题。例如,鲁迅的《呐喊》由北京新潮社出版,郭沫若的《女神》由上海泰东书局出版,胡适的《尝试集》则由上海亚东图书馆出版,而各家都申明了版权,不得翻印。如果再版完整的著作,必然要与原出版方交涉版权问题。除此之外,还有相当数量的作品散见于文艺期刊或报纸的副刊中。为避免版权纠纷,赵家璧灵活变通,想到了一个解决问题的办法——收集各家单篇作品,重新组成合集,每集按照文体单独命名,如散文集、诗歌集、小说集等。为尊重版权,赵家璧对选入的作品都明确标出了作品名、作者名和原出版机构,他对待版权的谨慎态度为《大系》的出版铺平了道路。

良友公司是规模并不算大的民营出版机构,却对《大系》的出版给予充分的资金支持,体现了一部分新式出版机构对新文学建设事业的同情与信心。鲁迅十分感慨地说:"此书约编辑十人,每人编辑费三百,序文每千字十元,花钱不可谓不多。"①《大系》与当时郑振铎主编的《世界文库》丛书被誉

---

① 鲁迅:《鲁迅全集》第13卷,人民文学出版社,1981,第263页。

为1930年代中期的"两大工程"①，前者是关于中国新文学的断代性史料汇编，后者是从瞭望世界的视角对文学作品所进行的通史性汇编。

二 《大系》中的意见分歧

曾经并肩战斗的蔡元培、胡适、鲁迅等新文化运动中的主将纷纷加入编选《大系》的队伍，显示出他们维护新文学运动成果、确立新文学运动历史地位这一目标的一致性。实际上，在1930年代文学政治化的风潮中他们已经发生分化，郑振铎无限凄凉地感慨道："当时在黑暗的迷雾里挣扎着，表现着充分的勇敢和坚定的斗士们，在这虽只是短短的不到二十年间，他们大多数便都已成了古旧的人物，被挤成了三代以上的古人……只有少数人还维持着斗士的风姿……"② 编选者来自不同的文学团体，他们参与《大系》的动因中不免有借机将自己个人的成就进行历史性言说的成分，于是他们因人事纠葛或政治倾向差异而产生的裂痕或明或暗地体现在《大系》中。

第一，周作人有关五四文学革命内容的倡议遭到了蔡元培的漠视。胡适在《建设理论集导言》中指出：周作人先生的《人的文学》是当时关于改革文学内容的一篇最重要的宣言。周作人这篇文章的中心思想是："我们现在应该提倡新的文学，简单的（地）说一句，是'人的文学'，应该排斥的，便是反对的非人文学。"③ 蔡元培在撰写的《〈大系〉总序》中，

---

① 姚琪：《最近的两大工程》，《文学》1935年第6期。
② 赵家璧主编，郑振铎编选：《中国新文学大系·文学论争集》，良友图书印刷公司，1936，第25页。
③ 赵家璧主编，胡适编选：《中国新文学大系·建设理论集》，良友图书印刷公司，1935，第193页。

指出中国的新文化运动与欧洲的文艺复兴一样伟大，它是中国文化的复兴，充分肯定了《大系》的历史地位。蔡元培采用"五四的新文化运动"的表述方式来强调白话文在社会、政治与思想变革中的工具意义，从而避开了"文学革命"这一概念对文学形式和内容的双重要求。按照蔡元培的"复兴"逻辑，复兴的文化不需要创造，只需要挖掘和复原，关键是找到合适的工具，而不是另行创造一种全新内容的新文化。这显示出蔡元培与胡适、周作人在文学革命观念方面的差异。

第二，郁达夫在《大系》编纂中的从属地位。梁启超的《论小说与群治之关系》大大提升了小说的文体地位，小说成为脍炙人口的近现代文学的主力。郁达夫原是创造社的发起人之一，在各个文体的创作中他的小说成就最高，并不逊色于创造社和左联的其他成员。在1930年由郑伯奇主持的一次左联的会议上，郁达夫因言而遭到批判，并被开除出左联。[①] 赵家璧在策划《大系》之初，主要的智囊是来自左联的鲁迅、郑伯奇、茅盾、阿英等人。茅盾和郑伯奇先后领取了编选《小说一集》和《小说三集》的任务，他们又一致同意邀请鲁迅来编《小说二集》。郁达夫被安排承担编选散文的任务，在有些学者看来这是一次文学领域的"贬谪"事件："而担任《小说三集》编选工作的郑伯奇小说创作至少不在郁达夫之上，或许可以说真是郑伯奇占了本属郁达夫的这个位置。所以，郁达夫从小说到散文可以说是遭到了'贬谪'。"[②] 至少，郁达夫在小说创作方面的资历没有得到充分的肯定。

[①] 郑伯奇：《怀念郁达夫》，载郑伯奇《沙上足迹》，黑龙江人民出版社，1999，第203页。

[②] 闫美景：《"大系"里的"小文章"——读〈1917—1927中国新文学大系导言集〉》，《成都师范学院学报》2013年第11期。

第三，缺席的郭沫若。在赵家璧初期的计划中，郭沫若原应负责编选诗歌作品，但由于"郭沫若写过指名道姓骂蒋委员长的文章"①，所以当赵家璧提交编选者名单时，郭沫若遭到了审查委员会的严词拒绝。据赵家璧回忆，郭沫若未能参加《大系》编纂工作的另一个原因是他和良友在稿酬给付方式上存在分歧。良友实行版税制，作品稿酬除基本稿酬外，还与作品销行数量直接相关。而郭沫若当时远在日本，稿酬常常需要经朋友之手代办，版税制增加了彼此的麻烦，他更倾向于一次性卖断版权。上述仅是赵家璧的一家之言，有可能忽略了郭沫若缺席的其他原因。此前在创造社与鲁迅关于革命文学的论战中，郭沫若发表《文艺战线上的封建余孽》，②指名道姓攻击鲁迅，这无疑造成了郭沫若与鲁迅的隔阂。

其他值得解读的分歧还有：胡适在《建设理论集》的导言中总结白话文运动发起的原因时，肯定了文化的、政治的因素，却对陈独秀"产业发达、人口集中"③的经济因素进行了批判；郁达夫在《散文二集导言》中对周树人、周作人进行了高度的褒奖，周氏兄弟的文章占去了他所选内容的一大半，而周作人则认为："自我引用、自我标榜，不仅对选文不置一词，对自己的热情洋溢的'粉丝'郁达夫也未置一词。"④这些情况说明，《大系》的编选者之间是有观点分歧的，经过赵家璧的精心组织和大力协调，大家才能汇聚在一起为现代文学

---

① 赵家璧：《话说〈中国新文学大系〉》，载上海鲁迅纪念馆编《赵家璧文集》第 1 卷，上海文艺出版社，2008，第 287 页。
② 杜荃：《文艺战线上的封建余孽》，《创造月刊》1928 年第 1 期。
③ 陈独秀：《答适之》，载陈独秀著，乔继堂选编《陈独秀散文》，上海科学技术文献出版社，2013，第 240 页。
④ 闫美景：《"大系"里的"小文章"——读〈1917—1927 中国新文学大系导言集〉》，《成都师范学院学报》2013 年第 11 期。

的选本贡献各自的见解和力量。

《大系》中的导言、作品、史料构成了1920年代中国现代文学的立体模型，既有文学史价值也有文学批评史的价值。赵家璧将五四新文学的宿将召集起来共同完成《大系》，并未过多干涉各位编选者的表达权，客观呈现了编辑群体中文学观的统一与对立。正如茅盾所说的那样："这也是历史唯物主义的态度嘛。"[①]《大系》的细节处所折射出的意见分歧并未影响《大系》总体的先进性，反而成为后来者解读文坛论争状况的凭证。作为文学编辑的赵家璧不仅是现代文学作品的传播者，也是现代文学历史的书写者和评论者，他所组织编纂的《大系》重构了中国新文学的历史图景，体现了现代出版业对中国现代文学体制的深刻介入。

第三节　选本自身的经典性

——《中国新文学大系》在文学史中的坐标意义

《大系》在现代文学史上具有重要地位，是五四新文学产生以来影响最为深远的一部文学选集，它的历史眼光和谱系意识，全面、完整同时充满个性的编选体例，对于之后的新文学研究产生了极大影响，乃至影响到了中国新文学史的形成和架构。学者谢刚曾这样评价其学术意义："首先，《大系》确定了中国现代文学分期的第一个十年，为新文学史叙述奠定了框架；其次，各编写者的长篇序言对新文学的状况做了大致的描绘，遂成定论；再次，所编选的作家和作品第一次有序地呈现

[①] 赵家璧：《话说〈中国新文学大系〉》，载上海鲁迅纪念馆编《赵家璧文集》第1卷，上海文艺出版社，2008，第280页。

了中国现代文学的基本风貌;更重要的是,《中国新文学大系》花很大的篇幅编写理论卷,站在新文学的立场上叙述新文学的'胜利',建构一种全新的权力话语,把新文学确认为文学的正宗和主流,使新文学合法化和体制化。"[1]《大系》是在国民党大肆"围剿"革命文学的背景下开始开展编选工作的,带有文化反"围剿"的意味;它又是在五四文学革命的精神和成果遭遇困境的时候开始的,带有重建文学体系并重新强调五四文学传统的目的,是中国现代文学合法化、理论化和经典化的奠基之作。《大系》产生的深远影响具体表现如下。

一 新文学合法地位的自我证明

《大系》是五四初期对旧文学批判的进一步深化,是对新文学合法地位的自我证明。正如学者刘卫国指出的那样:"到1930年代,新文学虽然已充分展示了自己的创作实绩,但并未牢固确定自己的历史地位,文化保守主义思潮对新文学的合法性再次提出了质疑。而编辑中国新文学大系,为新文学结一次账,可以证明新文学自身的合法性。"[2]

《大系》通过提升文学理论的地位而赢得了文学场内的话语权。在西方社会,教会和学校对文学经典的确立拥有至高无上的话语权,在我国古代,封建王权垄断了对文学经典的认定权力。而在1930年代,中国社会处在翻天覆地的大变革中,新旧文学的争锋依然胶着,帝制崩塌,王权不再,现代文学经典的建构责任自然落在了新式知识分子的肩头。《大系》在文学编辑事业上的伟大创新,在于"创造了一种独特的方式,

---

[1] 谢刚:《洴澼江上》,社会科学文献出版社,2014,第17页。
[2] 刘卫国:《中国新文学研究史》,社会科学文献出版社,2015,第349页。

把选家之学转变为文学史家之学"①。具体来说,就是赵家璧要求每位编选者"作一长序,论述该部门十年来发展的经过,更详述当代重要的作家和作品。全书之前,又冠以总序,阐述新文学运动的意义"。② 这些序言文字已经远远超越了导引读者的功能,而成为对中国新文学的发生过程与第一个十年的发展成就进行的最深刻、最权威的评述。蔡元培、胡适、郑振铎、茅盾、鲁迅、郑伯奇、阿英、周作人、郁达夫、洪深和朱自清等人都是新文学早期的开拓者,他们普遍"具有一种内在欲望,一种表现自己、辩解自己、清理自己、解说自己,使个人足迹历史化的欲望"③,他们以序言为媒介现身说法,检讨新文学本身,证明其发生的正义性、合理性。这些理论文章,界定了现代文学新的文化性质和审美特质,肯定了它产生、发展的必然性,扩大了现代文学的影响力,为现代文学的文学史地位奠定了基础。

《大系》编选者支持了五四时期的文学观,以新文化运动的继承者自居。五四思想启蒙运动赋予文学两大变革,一是提倡"人的文学",提倡个性解放,尊重人性;二是提倡"为人生"的文学观,强调文学的社会功能,要反映社会、改造社会。为了使读者了解何为"人的文学",编者们不仅在序言中反复论述"独立自由的人格""人道主义""人的发现",而且选择了许多张扬个性、解放自我的作品,如郁达夫剖析个人

---

① 杨义:《新文学开创史的自我证明——为〈中国新文学大系导言集〉所作导言》,《文艺研究》1999年第5期。
② 赵家璧:《编辑〈中国新文学大系〉缘起》,载赵家璧《回顾与展望》,山西人民出版社,1986,第152页。
③ 杨义:《新文学开创史的自我证明——为〈中国新文学大系导言集〉所作导言》,《文艺研究》1999年第5期。

苦闷与压抑情绪的小说《沉沦》，又如"我如烈火一样地煅烧！我如大海一样地狂叫！我如电气一样地飞跑！"一类激情迸发的诗句。为了让读者认同"为人生"的文学理念，编选者们提出新文学之"新"就在于贴近生活、反映社会、同情劳苦大众。并且，他们以编选的作品做示范，如冰心的《斯人独憔悴》是问题小说的代表作，庐隐的《海滨故人》表现出对人生问题的探索。他们尽管也给予了艺术派一定的空间，但还是一再强调，文学自身的艺术性不能脱离人生而孤立存在，作家要勇于承担发现问题、改造社会的历史责任。尽管《大系》的编选者来自不同的文学社团，他们的文学主张不尽相同，但都被赵家璧统一召集在了新文学的旗帜下。"人的文学"与"为人生"的主张是新文学取代旧文学的思想武器，中国的新文学无论是由文言到白话的语言变革，还是文学流派的分离与聚合，都摆脱不了"人的文学"和"为人生"观念的影响，这是中国文学具备现代性的最直接证明。《大系》从理论和作品两方面对这两种文学观念给予支持，表明了它捍卫新文学合法地位的坚定立场，当然这也是对自身合法性地位的维护。

总之，《大系》的编选者们以完备的体系反复定义那些对自身有利的"合法性"条件，将其塑造成新文学的捍卫者和代言人，"凭借其理论话语、经典制造、评论和文学史写作这样一些体制化的做法，来着力于生产自己的合法性术语"[①]。这些术语既定义着新文学相对于旧文学的合法性，也定义着编选者们为新文学代言的合法性。

[①] 刘禾：《跨语际实践——文学，民族文化与被译介的现代性》，宋伟杰等译，生活·读书·新知三联书店，2002，第322页。

二　建立中国现代文学的学术模板

赵家璧在统筹编选《大系》的过程中，为中国现代文学在本体结构、历史分期和文体分类方面奠定了学术基础，建构起一个被广泛认可的研究模板。此前的诸多著述，要么重思潮而轻作品，内容结构不合理，如伍启元的《中国新文化运动概观》和王丰园的《中国新文学运动述评》；要么结构相对合理，却因质量参差不齐而有失学术水准，如王哲甫的《中国新文学运动史》；要么学术水平较高，却命运多舛久难付梓，没有产生实际的传播效应，如朱自清的《中国新文学研究纲要》。《大系》多方参考，博采众长，成为一部较为完备的描述新文学史的著作。

第一，《大系》确立了中国现代文学本体的构成方式，包括文学理论形态、文学运动形态、文学作品形态三大内容。具体而言，由胡适编选的《建设理论集》、由郑振铎编选的《文学论争集》与其他各卷序言、蔡元培的总序，属于文学理论的内容，评价了新文学第一个十年的发展状况；《大系》中有关新文学发展过程的叙述，构成了文学运动的内容，梳理了文学思潮产生流变的历史线索；《大系》中文学作品就包括各卷有关编选标准的论述以及 3 卷短篇小说、2 卷散文、1 卷诗歌和 1 卷戏剧。构成中国现代文学本体的三大内容互相依赖形成一个有机整体，文学理论指导着文学创作，文学运动勾勒着文学作品风格演变的脉络，文学作品又体现着一定的文学理论主张，印证着某些文学运动，它们永远都是处在一种时空交错的网状结构之中。《大系》在史料收集方面兼顾了文学理论、文学运动与文学作品，并且在《总序》及各分册《导言》中对上述史料进行了评述,重申了《大系》的现实意义。《大系》的突出特点是重视文学理论建设,因为文学理论话语权决定了新文学的地位是否合法。《大系》在《文学论争集》中汇编的篇目再现了当年的论争场景,是对1930年代正在进行中的新文学与复古思潮论争及其他文学论争的点拨。在《大系》第一个十年所奠定体例和观念的基础上,王瑶先生的《中国新文学史稿》、唐弢先生的《中国现代文学史》、钱理群、温儒敏、吴福辉先生的《中国现代文学三十年》等不同时代的文学史著作相继产生。《大系》中理论与作品相互补充、作品与史论相互印证,其后,新文学史的书写沿着这一方向不断进步。

第二,《大系》确立了中国现代文学十年断代的分期规范。分期意味着文学史叙述者对文学史某一阶段所归纳的特征具有唯一性。在外部,与其他历史阶段存在明显差异;在内部,各种文学现象具有某种共同性。因此,历史阶段的划分方法可以看出历史叙述者的立场和原则,文学历史分期是否科学,决定了文学史的叙述是否符合文学真实的发展轨迹,决定了文学史写作的科学性与可信度。《大系》的编写者首先认定了新文学的起始时间,1917年《新青年》《每周评论》《新潮》等杂志充当了倡导新文学革命理论的"急先锋",因此,1917年是新文学的历史上限。《大系》的主要目的是对新文学的第一个阶段进行回顾、整理和反思,而第一个阶段的下限划定在哪里,阿英、郑振铎和茅盾均提出了不同的思路。讨论中,茅盾论证了1917—1927十年分期的合理性,最终获得了编辑集体的认可,成为《大系》编选作品最重要的时间原则。他说:"五四是1919年,五卅是1925年,前后六年,这六年

第四章 编纂文学选本

虽然在新文学史上好像热闹得很,其实作品并不多。弟以为不如定自五四到北伐,即 1919 年到 1927 年,如此则把现代中国文学分为两个时期,即五四到北伐,北伐到现在。……本来五四到五卅不过表示了里程碑,事实上,第一本的'建设的文学理论',就有许多重要文章是发表在五四以前。从 1917 年到 1927 年,十年断代是并没有毛病的。"[①] 这种分期方法既体现出社会、政治事件对文学史的影响,也体现出文学自身发展的规律,较为合理。蔡元培在为《大系》撰写的总序中再次强调了十年的分期概念:"吾人自期,至少应以十年的时间抵欧洲各国的百年。所以对于第一个十年先作一总审查,使吾人有以鉴既往而策将来,希望第二个十年与第三个十年时,有中国的拉飞尔与中国的莎士比亚等应运而生呵!"[②] 此后就有了关于新文学第一个十年、第二个十年和第三个十年的说法。这种十年断代的方法也一直被后世文学史家所沿用,如周锦的《中国新文学史》,钱理群、温儒敏和吴福辉的《中国现代文学三十年》等。

第三,《大系》将中国现代文学划分为四种文体,影响甚为深远。早在梁启超倡导政治小说以后,中国文学的文体与中国诗文传统越走越远,小说就已经成为中国现代经典中最主要的文学形式,现代诗歌也已基本上放弃了传统格律。《大系》是中国知识分子借鉴西方现代文学对中国新文学进行的经典化尝试,在文体的分类上,自然也借用了西方文学中 fiction、poetry、drama 和 familiarprose 相对应的文体,即小说、诗歌、

[①] 赵家璧:《话说〈中国新文学大系〉》,载上海鲁迅纪念馆编《赵家璧文集》第 1 卷,上海文艺出版社,2008,第 277 页。
[②] 蔡元培:《〈中国新文学大系〉总序》,载赵家璧主编,胡适等编选《中国新文学大系》,良友图书印刷公司,1935,第 3 页。

戏剧和散文四大类。而在此之前，新文学史中关于文体的意识是含混不清的。《大系》之后，新文学的四大文体概念得以普及，成为后世文学史写作的另一种维度，新文学史再也离不开对这四大支柱文体发展状况的分别叙述。王瑶的《中国新文学史稿》和唐弢的《中国现代文学史》都体现出文体四分法在文学史写作中的统领作用，其逻辑关系为作品是特定文体的作品，作家是从事某种或某几种文体创作的作家。

《大系》建立的一套科学而整肃的研究模板，深刻地影响着中国现代文学学术的发展面貌。研究者将其影响总结为："其后的文学史自觉或不自觉地从中汲取了许多具体的观点，更主要的是，它奠定了现代文学史写作的基本构架和组成部分，对文学史写作的宏观影响不容忽视。"[①] 的确如此，《大系》重视对经典现代文学作品的选编，重视对文学发展脉络的梳理，构建起了文学自身的考察体系，从而树立了新文学研究的谱系观念。

三 带动"文学大系"系列文献的出版

《大系》在现代文学史料编纂方面起到了示范的作用，不仅它的编辑方法被借鉴，而且涌现了许多以"文学大系"命名的文献，《大系》的编辑方法和体例成为人们在整理断代文学成果、进行文学史回顾时常常学习的榜样。

赵家璧在自己的编辑生涯中继承了《大系》的传统。蔡元培当见到《大系》成书时，给予赵家璧极大的鼓励："假如这套书出版后销路不坏，你们很可以续编第二辑。但我个人认

[①] 徐鹏绪、李广：《〈中国新文学大系〉研究》，社会科学文献出版社，2007，第339页。

为比这更重要的是翻译作品的结集。"① 1936年，赵家璧策划了《世界短篇小说大系》，明确对外宣称这是《大系》的"姊妹篇"。由黎烈文、耿济之、傅东华、郭沫若、郑伯奇、郁达夫、戴望舒、曹靖华等人分别负责法、俄、英、德、日、北欧、南欧、苏联等卷，巴金和鲁彦负责新兴国卷，赵家璧负责美国卷。要求编选者撰写序言分述各国文学发展情况和在中国的译介情况，仍由蔡元培为丛书作总序。《世界短篇小说大系》完全按照《大系》的模板运作，令人惋惜的是，抗战爆发使这一出版计划未能得到实现，但它的选题价值并未减损，1980年代甚至还有出版社联系赵家璧试图将之出版。

在抗战胜利后，赵家璧念念不忘的仍是为《大系》编纂续集，他计划把新文学的第二个十年1927—1937年编成《大系》的第二辑。他邀约了一批作家老朋友参与编选工作，有老舍、李广田、茅盾、洪深、叶圣陶等。但是，赵家璧所在的良友复兴图书公司的内部矛盾导致公司破产，他有关《大系》续辑的出版愿望又搁浅了。赵家璧在文学编辑实践中曾努力复制《大系》模式，虽因时局所限未能实现，却显示出编辑与作家对《大系》模式的信心。

多年之后，许多出版机构依然在仿效《大系》模式。1968年，香港文学研究社出版了《中国新文学大系》续辑，编选了1928—1938年10年间的新文学作品。而上海文艺出版社既是赵家璧退休前所在单位，也是把《大系》的编辑思想和编辑方法继承得最到位的出版单位。上海文艺出版社先后编辑了四部《大系》，帮助赵家璧把现代文学作品整理编选的年限延

---

① 赵家璧：《追叙未完成的〈世界短篇小说大系〉》，载上海鲁迅纪念馆编《赵家璧文集》第1卷，上海文艺出版社，2008，第426页。

续到了 2000 年。分别是第二辑《中国新文学大系（1927—1937）》20 卷，第三辑《中国新文学大系（1937—1949）》20 卷，第四辑《中国新文学大系（1949—1976）》20 卷，第五辑《中国新文学大系（1976—2000）》30 卷，连同赵家璧编选的第一个十年的 10 卷，《大系》成了共 100 卷的壮观的系列丛书。上海文艺出版社的续编工作使《大系》成为完备的图书体系，方便人们一览中国新文学发展的历程。尽管已经编成了 100 卷，但赵家璧第一辑的 10 册依然有着特有的文学史价值，真可谓"一直被模仿，从未被超越"。后续几辑《大系》虽有模式可循，却在按部就班、有条不紊中丢失了最可贵的个性。第一辑《大系》编选者们率真坦露的不同见解，反而成为最真实有趣的文学史料，耐人品味。

除此之外，《大系》的编纂方法还被广泛运用于其他文学总集或选集，例如《中国新文艺大系》《中国近代文学大系》《中国乡土文学大系》等。直到今天，《大系》依然拥有蓬勃的生命力，给予文学研究者和文学编辑许多启发。

总之，赵家璧编纂的《大系》为中国现代文学的经典化做出了努力。是否具有伟大的作家和经典的作品，一直是衡量一个时代文学成绩好坏的重要标准，也是衡量一个国家或地区文学是否先进发达的标志。"千淘万漉虽辛苦，吹尽狂沙始到金。"文学作品的经典性并不完全取决于当时编选者的权威，还必须要在历史长河中有一个大浪淘沙的过程，那些经得住历史检验却依然闪耀着文学光芒的作品才配得上"经典"的称谓。《大系》选入的诸多作家作品在今天依然被读者和专家视为现代文学经典，如鲁迅的《狂人日记》、叶圣陶的《潘先生在难中》、周作人的《乌篷船》、朱自清的《桨声灯影里的秦

第四章 编纂文学选本

淮河》和《荷塘月色》、闻一多的《死水》等,它们的艺术魅力穿越时空,成为中国现代文学史无法超越的篇章,这一事实本身说明了《大系》编选者的长远眼光,也证明《大系》具有确立现代文学经典的意义。

赵家璧在他的文学编辑实践过程中,努力践行着他建构文学经典的理念。赵家璧编成的《大系》体例完备,对中国新文学第一个十年的发展轨迹和创作成就进行了一次总检阅,是中国现代文学经典化的起点,对文学史和出版史都产生了极为深远的影响。作为文学传播中的经典案例,《大系》模式被不断复制,成为断代文学史料选编的常用手法和参考依据。

第五章
适应市场法则
——接纳现代文学的商品属性

使用现代出版技术进行生产,利用大众传媒手段进行传播,是文学成为社会化艺术生产形式的前提,也是现代文学"现代性"的突出表现。英国文学理论家伊格尔顿在《马克思主义与文学批评》中指出,有一个不容忽视的事实是:"文学可以是一件人工产品,一种社会意识形态的产物,一种世界观;但同时也是一种制造业。书籍不只是有意义的结构,也是出版商为了利润销售市场的商品……作家不只是超个人思想结构的调遣者,而是出版公司雇佣的工人,去生产能卖钱的商品。"[1] 在现代社会,文学不再纯粹是精神产品,而是作为商品进入流通、消费环节具有了鲜明的市场化特征。特别是20世纪以后,"印刷技术的革新使传统的出版观念甚至文学观念发生了深刻的变化,作为文化这一上层建筑的重要载体之一的文学典籍,更多的是作为一种消费品走下圣坛,走上了一条与

---

[1] 〔英〕特里·伊格尔顿:《马克思主义与文学批评》,文宝译,人民文学出版社,1980,第66页。

商业结合得异常紧密的道路"①。在 1930 年代上海浓郁的都市文化氛围中，中国现代文学商业化的生产机制逐步成熟，在艺术价值之外，商业价值高低成为衡量文学作品成功与否的新标杆。生产和消费的辩证关系体现在现代文学传播的各个环节，可以说，是商业力量和大众需求共同塑造了中国现代文学的面貌。文学的创作、媒介化、阅读和批评构成了文学传播和消费的完整过程，文学的商业化是作家、编辑和读者都需要面对并适应的一个现实状况。

赵家璧作为专职的文学编辑，深谙文学市场的运行规则，非常清楚文学的商业化对文学编辑提出的特殊要求。良友公司的文化品牌关系到良友书刊的知名度和市场号召力，赵家璧通过维护和重塑品牌形象增强了读者对良友公司文化产品的信赖度与忠诚度。读者需求是赵家璧调整选题策划最重要的"指南针"，拓展文学消费市场是他实现文学的文化价值和经济价值双赢的策略。赵家璧的市场化路线并非对商业利润的妥协和投降，也并非对读者低俗趣味的一味迎合，他的市场化路线是以传播优秀文学作品为前提的市场化路线，是他为文学精品疏通传播渠道、提高传播效率的必然选择。在 1930 年代的出版环境中，赵家璧对他所编辑的图书全面负责，他不仅要做高品位的编辑人，也要做懂市场的编辑人。在《大系》编辑计划略有头绪之后，赵家璧就开始咨询管理印刷、纸张、成本会计的同事并进行出版业务方面的估价工作，他说："有些事虽非

---

① 徐鹏绪、李广:《〈中国新文学大系〉研究》，社会科学文献出版社，2007，第 4 页。

编辑分内所应知道,我也试图做到经济账上心中有个数。"① 强烈的商业观念使赵家璧在现代文学市场中游刃有余。文学要传之久远、成为经典,首先要解决的是生存问题。"要当个出版家,先要当个出版商,如果出版商当不好,出版家也当不成了。"② 因此,文学编辑要接纳文学的商品属性,才能适应文化市场的生存法则,从而为进步文学开辟更广阔的传播途径。

第一节 赵家璧对良友品牌的继承和重塑

20世纪初,上海成熟的商业环境催生了文学的商品化生产机制。尽管就文学的文学性本质而言,它是纯粹的精神产物,但是在商品经济社会,文学一般以物化的形式存在并进行传播,文学作品不可避免地被赋予了商品属性。根据布尔迪厄的场域理论,象征资本是行动者团体或个人在实践中逐步积累起来的信誉资本,是一种隐蔽的、无形的资本。文化品牌就是文学图书出版业中最有潜力的象征资本。"良友"是享誉国内外的知名品牌,良友公司在出版物的内容、装帧形式、印刷质量、经营理念诸方面都有自己的特色,其文化产品致力于普及知识、开启民智,力求面向大众、贴近读者、通俗易懂。《良友》画报等一系列文化产品是中国现代都市时尚刊物的代表,"良友"品牌所拥有的庞大读者群为赵家璧的文学编辑事业打下了良好的市场基础。赵家璧对良友公司的上述市场定位深表认同,并在加入良友公司之后凭借优秀的文学图书产品进一步

---

① 赵家璧:《编辑生涯忆茅盾》,载赵家璧《文坛故旧录——编辑忆旧续集》,生活·读书·新知三联书店,1991,第56页。
② 赵家璧:《出版家与出版商》,《出版工作》1998年第2期。

提升了良友品牌的商业形象，使公司不仅拥有竞争力强大的画报类通俗刊物，而且拥有汇聚文坛精英的新文学丛书，良友公司成为不容小觑的新文学生产阵地，甚至具备了为新文学树碑立传、建构经典的能力。

一 20世纪初文学的商品化生产机制

20世纪上半叶，国内民族危机深重、政治斗争复杂，于是著书立说、译介西学、创办报刊成为各政党各团体宣传主张、争取民众的重要手段。民营出版业顺势兴起，它们从技术、资金、管理等方面进行的一系列创新昭示着中国步入了现代出版的时代。在现代出版条件下作家群体转变了稿酬观念，文学出版机构的商业经营模式逐渐形成，商品化生产机制塑造着中国现代文学的风格面貌。赵家璧供职的良友公司是20世纪初中国文学商品化生产机制的具体化写照，公司及其成员的商业精神与商品意识凸显了现代文学生产传播流程的现代性。

稿酬制度是文学商品化生产机制的构成要件之一，但中国现代作家对稿酬制度的接纳并非一帆风顺。中国传统文人普遍耻于卖文为生，因此中国古代稿酬制度并不发达。近代以来，稿酬制度逐渐形成，但在新文学革命初期，文学革命者一度以"放弃稿酬"来标榜文学革命决心。在他们看来，稿酬玷污了文学的纯洁性和革命的牺牲精神。《新青年》就在1918年刊发启事称："本志自第四卷第一号起，投稿章程业已取消，所有撰译，悉由编辑部同人共同担任，不另购稿。"[①]《每周评论》《星期评论》《少年中国》《新潮》纷纷响应，无偿供稿成为一时风尚。中国文化市场的成熟唤醒了中国作家的版权意

[①] 新青年杂志：《本志编辑部启事》，《新青年》1918年第1期。

识，胡适、郭沫若公开发布了自己的版税价码，1929年甚至出现了鲁迅等与出版商对簿公堂讨要稿酬的事件，这代表着"作为承载作家尊严和权益的稿酬观的觉醒"[1]。稿酬支付分为两种，一种是稿费加版税制，另一种则是版权买断制，前者体现了稿酬与发行数量之间的正相关关系，激发了作家的创作热情。稿酬制度体现了中国社会的经济制度的成熟度，促进了中国文学的世界性接受："中国文学赖以生存和运转的经济基础，同'国际惯例'接上了轨。"[2] 如果我们从经济学的角度来看，现代稿酬制度解决了精神产品货币化合法性的问题，作家依靠稿酬及类似的其他精神产品的物质化收入获得了普通劳动者的身份，从而实现了物质生产与精神生产之间的产品交换。

被稿酬制度催生出来的职业作家同传统文人相比，从观念到行为已经发生了许多变化。第一，作家们凭借在文化市场获得的经济独立，获得了更大的精神自由和人格独立，不再单纯且强烈地依附政治权力，反而更大程度上受到文化市场的制约。第二，作家们对出版机构更加依赖。不管是知名作家还是文坛新人，他们的作品只有经过出版机构的二次加工才能发表，而只有发表才能实现作品的文化价值并进一步获得名誉和商业利益。此时，他们不再是传统文学场中自由闲适的作家，他们的写作常常受到以出版机构为中介的文化大众和文化市场的左右。第三，作家从社会和读者的认可中获得巨大的成就感和创作力。"当文学生产的成果——文学作品被读者接受、认

---

[1] 吴靖：《中国近现代稿酬制度流变考略——兼论稿酬制度对文学生产的影响》，《书屋》2013年第7期。

[2] 吴靖：《中国近现代稿酬制度流变考略——兼论稿酬制度对文学生产的影响》，《书屋》2013年第7期。

可时，也即创造了与读者的本质的需要相符合的物品，……这样，作家的文学创作活动，就成了他的本质力量即他的自我的直接证实和实现。"① 因此，这一时期的作家普遍带有为读者服务的写作意向，自觉地把读者的需要、接受能力、接受心理和审美趋向纳入自己的写作思维活动之中，许多出版机构也非常重视读者意见的集纳与反馈，顺读者而动、迎合读者的需要是受文学商品化影响的普遍做法。第四，对作家成功与否的价值判断有了更为多元化的标准，除了文学价值方面的标准，还有经济效益方面的标准。张恨水、张资平、张爱玲等人的文学影响力最初就建立在作品销量基础之上，徐志摩、鲁迅、巴金、郭沫若等作家的成名也在一定程度上得益于他们在文化市场中的活跃。

出版机构的商业经营模式是文学商品化生产机制的另一个构成要件。文学出版离不开资本运作，而资本运作的每个环节都体现着商业精神，即投入资本并出版作品，买卖图书以实现资本汇集，用汇集起来的货币支付管理费用、稿费、印刷成本、广告费用、股东收益等，因此出版业形成了高度商业化的运作模式。出版企业完全面向市场，以市场为发展指向。当印刷技术取得突破性进展时，画报出版成为当时出版的一大热点，商务印书馆、开明书店、大东书局、世界书局、中华书局相继加入，展开了激烈的竞争。随着小说消费热潮的出现和左翼文学的兴起，各出版机构也把小说和左翼文学列为争夺市场的重要资源。在书籍装帧方面，各出版机构也开始注重版式、封面的设计和图像技术与文字内容的配合，使图书产品更易于被读者接受。中国古代出版业对发行不太重视，近现代以来这

---

① 朱立元：《接受美学》，上海人民出版社，1989，第 197 页。

一情况得到了根本改变，新式出版机构都极力开拓发行市场，而交通的发展、邮局的开办为此提供了基础条件，发行渠道因此大为畅通。有些出版机构中出现了专职的公关人员，他们经常把新书陈列于橱窗，邀请作家、读者，尤其是教师、学生等前来鉴赏，同时做向导、答疑解惑；外出调查图书发行情况，到各级学校推广新书，结识学者作家，拉稿组稿；代表馆方外出招待全国各地的文人学士，甚至处理与政界的关系。出版机构还采用了广告营销策略，除了在书本卷末做广告外，还广泛利用传媒广告等多种方式促进销售。

作家与出版机构是文学商品化生产机制中的两股重要力量，作家版权意识的普遍觉醒使文学在创作阶段的商品化交易成为可能，出版机构的商业化经营实现了文学在二次加工阶段的商品化运作。尽管双方在艺术价值与商业价值的权衡中可能存在不同的倾向性，但是，双方在扩大作品传播范围、赢得读者认可的目标上是高度一致的。在社会化生产中现代文学的商品属性逐渐显露，于是文学书刊的品牌经营与市场推广成为出版机构的重点业务。文学编辑是出版机构业务的实际执行者，直接影响着出版机构的形象，也在很大程度上影响着文学作品的传播与接受。

二　"良友"品牌的产生和确立

如前所述，出版业在追求文化品格之余还有追求商业利润的需要，所以市场化、规模化和大众化成为出版机构资本扩张的普遍做法。1930年代，上海的民营书业兴起，福州路（旧称"四马路"）一带号称"上海文化街"，"当时有人作过统计，在'八·一三'抗战前，福州路从河南路到福建路这二三百米长的路段，及山东路、山西路等周边支路、街道、弄堂，集中了几十家报馆、百多家杂志，以及新旧书店三百余家，这里始有文化街之称"。① 许多书店都汇聚在此，包括商务印书馆、中华书局、世界书局这三家规模最大的老牌书店，还有孙中山倡议创办的民智书局，邹韬奋创办的生活书店，与鲁迅关系密切的北新书局，由施蛰存主编的《现代》月刊所在的现代书局，致力于出版新文学书籍的泰东图书局，以及光明书局，上海杂志公司等，良友公司也在这里。面对如此众多且强大的竞争对手，良友公司凭借创新之举在新旧书业林立的上海赢得了一席之地，成为现代出版业的生力军。

编辑、出版、印刷与发行在现在看来是四个不同的环节，但在中国出版业步入现代化之初，它们却是交融在一起的。许多出版机构最初只是承揽单一的印刷业务，后来才逐步走上编、印、发合一的道路。商务印书馆如今虽已成为家喻户晓的大出版社，却仍然在名号中保留了"印书"二字，这可以说是对中国近现代出版业发展轨迹的最好诠释，良友公司的发展历程也是如此。良友公司由广东人伍联德创办于1925年7月，正如公司名所强调的那样，最初仅是一家以"印刷"为主业的小公司，"地址在虹口北四川路鸿庆坊口，店基浅窄，规模极小，所中仅小型之德国机三数部，即以承印外件"。② 20世纪的二三十年代是中国出版企业大发展的黄金时期，名列前茅的几大出版机构如商务印书馆、中华书局、大东书局、开明书店等无不采用股份制形式。伍联德在商务印书馆做过三年的美术编辑，当他独立创办自己的公司时，在许多方面仍

---

① 韦泱：《旧书的底蕴》，上海辞书出版社，2013，第64页。
② 余汉生：《良友十年以来》，《良友》1934年第12期。

然借鉴了商务印书馆的做法，包括股份制的融资模式。良友公司经过几次融资，资本实力得到空前壮大。但是，任何一家现代公司在发展过程中都不能忽视另一个更为重要的资本——品牌。

当时出版业竞争激烈，各家机构都有独当一面的特色，有的以古籍和旧文学读物为主，有的则以新文学读物为主，有的以自然科学读物为主，良友公司是新式的出版机构，主要以大众读物为主。"良友"的含义就是要做读者大众的好友、益友，它是在良友公司的发展史上非常关键的两个字眼，不仅仅出现在公司名号中，还多次出现在公司编辑出版的系列文化商品中。"良友"品牌从无到有，从弱小到强大，从默默无闻到享誉海内外，与良友公司坚持以特色赢得市场的做法密切相关。良友出版物有"良友版"之称，主要是因为它的出版物的纸墨材质、装帧设计、印刷效果在当时是颇为讲究的。"良友"是中国现代出版史上一抹亮丽的色彩，有研究者提出："在现代中国出版史上，'良友'成为一种文化符号，它既是一家画报，也是一家出版社，也是一家书店，也是一种经营理念。"[1]"良友"品牌成为中国现代出版史上一颗闪耀的明星。

良友公司创办人伍联德对"良友"品牌的确立产生了决定性作用，"良友"所代表的风尚是在出版实践中逐步积累起来的。伍联德是广东人，思想新锐果敢，在公司的经营和管理上时有创新，对人才的任用也十分开明。他"是有正义感的、有事业心的爱国商人"[2]，赵家璧评价伍联德"对青年编辑放手信任"，"为人豪爽、胸襟开阔，是一位具有爱国心、正义

---

[1] 王建辉：《老出版人肖像》，江苏教育出版社，2003，第234页。
[2] 赵修慧：《赵家璧主编〈中国新文学大系〉》，《世纪》2006年第4期。

感的新型企业家"[1]。伍联德对良友公司品牌的形象建立功不可没。良友公司是中国第一家以"公司"命名的出版企业，伍联德是以企业家的视角在办文化事业，他提出："以商业的方式而努力于民众的文化教育事业，这就是我们的旨趣。"[2]"良友"书刊追求的是一种都市大众的文化消费特性，特别符合当时中产阶级市民的阅读趣味，无论是画报还是图书，在内容上集时尚性、趣味性、新闻性、知识性于一体，在装帧设计上，图式、版面都十分考究，印刷精美别致，赢得了海内外读者的广泛喜爱。伍联德提出的图像传播观念在当时是十分超前的："窃以为在文化落后之我国，借图画作普及教育之工作，至为适宜。"[3] 因此，"良友"的文化产品在普及知识、启迪民智方面通常会借图像之力增强传播效果。

最初，当伍联德还是商务印书馆一名编辑的时候，他与同事一起策划了一份四开张的画报，命名为《少年良友》。虽然这份画报业绩十分惨淡，折去伍联德不少积蓄，但这份夭折的小报却是"良友"品牌的源头。在伍联德筹集到资金独立创办企业时，他继续沿用了"良友"二字，又把"少年良友"的英文名称"THE YONG COMPANION"作为新创刊物《良友》画报的英文名称继续使用，《良友》画报则是成就"良友"品牌盛名的关键所在。《良友》画报创刊于1926年，被中国报刊史誉为"中国第一本彩色大型画报"，以图文并茂、雅俗共赏的形式记录了历史的嬗变、社会的改革和文化的流

---

[1] 赵家璧：《我是怎样爱上文艺编辑工作的》，载上海鲁迅纪念馆编《赵家璧文集》第1卷，上海文艺出版社，2008，第163页。
[2] 伍联德：《再为良友发言》，《良友》1929年第36期。
[3] 伍联德：《良友一百期之回顾与前瞻》，《良友》1934年第100期。

变，镌刻下民族一段不平凡的心路历程；在倡导新思想、新文化上，《良友》引领了现代最进步前卫的思潮。名重一时的文坛巨星如鲁迅、老舍、郁达夫、冰心、林语堂等，都曾为《良友》执笔。赵家璧在20世纪80年代回顾总结说："《良友画报》是我国现代新闻出版史上第一本大型综合性的新闻画报。"① 学者吴福辉评价《良友》说："能从中听到市声，看到市影"②，它既是都市文化的一面镜子，又是都市文化的重要组成部分。它每期最高印数高达40000份，半数分销海外各地，有人称赞它："有我国侨胞居住的地方，一定能找到《良友》的读者。在国内同类刊物中，也算它创刊最早，出版历史最长，编辑和印刷质量，也较高一筹。"③ 1931年前后，良友公司进入了全盛期，当时的报道称："良友报，每期刊数，由三千跃为四万。其他定期刊物，和单行本书籍等，也得读者热烈的欢迎。"④ 这表明，"良友"的品牌已经在读者中享有很高声誉。

在1930年代的书刊阵容中，"良友"的产品极富亲和力和知识性，真的成为读者开阔视野、轻松阅读的"良友"。赵家璧受命担任文艺图书出版部主任后，"良友"的品牌文化逐渐融入他的文学编辑思想，成为他在激烈的文化市场竞争中迎难而上、不断前进的精神力量，他为帮助"良友"品牌成长

---

① 赵家璧：《重印全份旧版〈良友画报〉引言》，载上海鲁迅纪念馆编《赵家璧文集》第3卷，上海文艺出版社，2008，第341页。
② 吴福辉：《作为文学（商品）生产的海派期刊》，《中国现代文学研究丛刊》1994年第1期。
③ 赵家璧：《重印全份旧版〈良友画报〉引言》，载上海鲁迅纪念馆编《赵家璧文集》第3卷，上海文艺出版社，2008，第341页。
④ 良友公司：《良友图书印刷公司七周年纪念业务状况之概述》，《良友》1931年第10期。

做出了许多努力。

三 赵家璧对"良友"品牌的经营策略

赵家璧进入良友公司后,继承了"良友"大众化的诸多特色,继续拓展了文学图书的编辑业务,又出版了一系列以"良友"命名的丛书,如《良友文学丛书》《良友文库》《良友文选》等,另外一些丛书虽未以"良友"命名,却也以各自的特色占有了市场,巩固和提升了"良友"的品牌形象。《一角丛书》以知识性、通俗性、时代性获得了广大读者的关注,《大系》则以权威的著述、厚重的体量和精良的装帧成为文学图书界一时无人匹敌的艺术精品。"良友"品牌所蕴含的文化品位及审美标准,把读者引向进步的文艺,使他们从文学中深刻解读人生,从而形成胸怀天下的大格局。"良友"品牌仿佛是一面大旗,把越来越多的人召集在它的周围,它自身也更加具有市场竞争力。

郑伯奇不仅使赵家璧的作家组稿局面打开,而且在很大程度上塑造了良友公司的招牌产品《良友》画报关注时事的品格。他坚持在《良友》画报上撰写国际时事述评,分析国际局势,坚持反法西斯的立场,引导那些关注小资情调、都市时尚的《良友》画报的读者关注国际政治形势。在他的引荐下,茅盾、丁玲、张天翼、楼适夷等都陆续成为《良友》画报和图书的撰稿人。郑伯奇还帮助赵家璧探索新方法来扩大进步文艺的影响。他主张:"我们要出一本通俗文学杂志,这杂志深入于一般读者中间,但同时,每个作品都要带有艺术气氛……我们相信真正伟大的艺术作品都是能够通俗的,都是能够深入一般读者大众的;同时有生命的通俗作品也都是在艺术方面很成功的。"① 在刊物的编排设计上,郑伯奇也非常用心地对赵家璧进行指导,他建议邀请专业画家万籁鸣和马国亮做插图,增加配图的分量和质量,有些画面几乎占去一个全版,这在当时的刊物中是很有创意的。尽管郑伯奇在良友公司的时间只有四年,但他的文艺理念和主张对良友公司和赵家璧产生了很大的影响,使赵家璧坚信文学的艺术性和通俗性是可以统一的,这就是赵家璧努力的方向。

在良友公司品牌文化和郑伯奇等进步文艺家的启发引导下,赵家璧更加明确了文学图书的市场定位:图书选题既要能满足大众读者休闲娱乐、了解时势动态的要求,又要能对其产生一定的审美与理念的引导,保持一定的文化品位。赵家璧坚持图书选题的多元化、时代感、通俗化,重塑了"良友"的品牌形象,使"良友"图书成为艺术性与通俗性高度融合的典范。

图书选题的多元化包括作家的多元化、体裁的多元化和内容的多元化。1930年代,文学流派众多,一流作家云集,赵家璧却并未因他们在文学主张上的激烈论争而有所偏袒,而是兼容并蓄地把他们都纳入了组稿范围,体现出良友公司在文学立场上的中立性和兼容性,有助于读者对当时的文坛风貌有全面的了解。《一角丛书》《良友文学丛书》《大系》的选题策划都具有鲜明的多元化特征。除了占主流地位的小说外,还有诗歌、散文、戏剧、自传、文艺评论等,体裁非常丰富。作家的多元化为选题内容的多元化奠定了基础,作品涉及工人、士兵、农民、都市、乡村等许多话题,更加适应不同类型读者的

---

① 赵家璧:《记郑伯奇在良友图书公司》,载上海鲁迅纪念馆编《赵家璧文集》第1卷,上海文艺出版社,2008,第416页。

阅读趣味和阅读需求。

　　赵家璧的选题策划还具有鲜明的时代感，善于追踪时事热点。他所编辑的许多作品都是反映当时的现实生活和社会矛盾的，如舒群的《老兵》描述一个"老兵"在民族灾难中逐渐觉醒的故事，从一个侧面揭露了国民党当局卖身投敌、镇压革命人民的罪行。周文的《在白森镇》描写四川一个边荒县份的正县长和分县长之间钩心斗角的权力之争，有力地揭露了统治者的腐败。蒋牧良的《旱》描写20世纪30年代湖南农民在天灾人祸的双重打击下濒临破产的悲惨遭遇，葛琴的《窑场》描写苏南窑场窑工的艰辛和非人的生活，还有许多诸如此类的作品被赵家璧编辑出版。他所编的第一套丛书是《一角丛书》，最初，其内容重点放在介绍外国的经济、政治制度等方面，还没出版多久，"九·一八"事变爆发，全国人民关注的焦点都投向了东北，丛书的销路十分低迷。赵家璧进行了深刻的反思："才发觉即使不发生'九·一八'事变，这样内容的丛书也是没有生命力的。不考虑到时代的和群众的呼声，不闯向社会去找在读者中有权威的作家，编辑工作势必面临失败之一途。"① 于是，赵家璧立即调整思路，将丛书内容转向中日关系和当时的国际形势。他向大学时的师长罗隆基求助，由他支援了《沈阳事件》的稿件，又向时任《东方杂志》编辑的胡愈之先生求助，由他支援了《东北事变之国际观》的稿件。另外，又组织其他专家写了《东北抗日的铁路政策》、《日俄对峙中的中东铁路》及《国际联盟理事会的剖视》等。很快，时事类选题为这部丛书挽回了败局，"到一九三一年底，出满

---

① 赵家璧：《我编的第一部成套书——〈一角丛书〉》，载上海鲁迅纪念馆编《赵家璧文集》第1卷，上海文艺出版社，2008，第178页。

了二十种，四个月中销了十余万册，一度气息奄奄，几乎中途夭折的丛书计划，起死回生，销路逐渐稳定，可以说初步站住了脚跟"①。《一角丛书》的"起死回生"结束了良友公司只重趣味不谈政治的时代。

赵家璧认为，文学的通俗化有助于文学的市场化。五四文学革命所提倡的文艺大众化就包含通俗化的主张，陈独秀提出的文学革命的"三大主义"分别是："推倒雕琢的阿谀的贵族文学，建设平易的抒情的国民文学；推倒陈腐的铺张的古典文学，建设新鲜的立诚的写实文学；推倒迂晦的艰涩的山林文学，建设明了的通俗的社会文学。"② 赵家璧所编辑的文艺图书基本是在"建设明了的通俗的社会文学"这一精神的影响下产生的，语言文字通俗易懂，体裁上以白话小说为主流，题材上贴近普通民众。为使读物更加直观浅显，赵家璧充分利用图像的表达功能，不仅亲自设计图书的版式、封面，而且精心编选了一些插图本、版画、连环画类的文艺图书，例如，编辑出版了《木刻连环图画故事》《万有画库》两套丛书和插图本的曹靖华译作《第四十一》等。

在图书的版面设计方面，赵家璧也充分注意图书的美感。他接受了鲁迅的建议，设法将上一行的"一个字挤到下一行去"，避免了"书的每行的头上，倘是圈、点、虚线、括弧的下半的时候，是很不好看的"③ 缺点。为了照顾读者阅读时的感官感受，赵家璧在书页中适当地增加了空白。他说："书的开头和每个题目的前后，应多留空白，增加'读书之乐'，不

---

① 赵家璧：《我编的第一部成套书——〈一角丛书〉》，载上海鲁迅纪念馆编《赵家璧文集》第1卷，上海文艺出版社，2008，第180页。
② 陈独秀著，滕浩主编：《陈独秀经典》，当代世界出版社，2016，第9页。
③ 赵家璧：《编辑忆旧》，生活·读书·新知三联书店，2008，第35页。

要'不留余地',塞得满满的透不过气来;整本书的前后,也可多留几面白页。"① 这些看来是细枝末节的问题,不但提升了"良友"图书的品位,也为后世留下良好的示范。直到今天,这些仍然是图书编辑们严格遵从的规范。

赵家璧在文学出版实践中通过多方面努力重塑了"良友"品牌的形象。"良友"文学图书从内容到形式,突出了通俗性和可读性,名家云集的作家阵容,分类精选的系列丛书,图文并茂、增加空白的版面设计,加上精美的装帧和合理的售价等,大大丰富了"良友"品牌的内涵。"良友"读物以高度的亲和力与艺术感染力赢得众多读者的信赖。赵家璧在1930年代短短的时间内为中国现代文学留下许多为人称道的"良友版"好书,提升了"良友"的声誉,为文学精品的市场化推广做出了示范。

第二节 赵家璧的文学市场策略

为了提高文学产品的市场竞争力,赵家璧在策划、编辑、营销文学图书的各个环节都采取了相应的措施,如杂志化的编辑方法、图像化的传播手段、品牌化的经营措施和多元化的销售策略。赵家璧是开拓文学图书市场的先行者,时至今日,他的这些策略对文学出版业依然具有极大的启发意义。他的市场化策略与左翼的"文艺大众化"路线并不完全相同,前者着眼于文学产品的市场竞争行为,后者着眼于向工农士商等普及文艺。但是,在争取读者、扩大文学图书的发行量方面,文学的市场化与文艺大众化又是殊途同归的,左翼文学通过赵家璧

---

① 赵家璧:《编辑忆旧》,生活·读书·新知三联书店,2008,第35页。

的这些措施确实赢得了更多的同情，获得了更大的发展。事实证明，赵家璧接纳文学的商品属性、遵循文化市场规律的做法比固执地坚守文学的精神高地更显得理性与成熟。从孔子有教无类、广泛授徒到五四文学革命提倡白话、关注人生，文化与文学不断打破垄断走向大众。尽管市场有可能消解文学创作者对文学艺术性的忠诚度，但从大众化这个意义上说，文学市场也有扩大文学传播范围、启蒙民众文学素养的积极作用。赵家璧的文学市场策略使文学传播与市场规律产生良性互动，促进了现代文学的繁荣。

一 杂志化的编辑方法

赵家璧策划的文学图书借鉴了许多杂志的编辑方法，增强了文学图书内容的多元性、系列性和时代性。信息传播手段的革新和公共交往的扩大是现代社会得以形成的两个重要标志，杂志既是革新的大众传媒样式，又是公共言论汇聚的空间，在中国文学的现代化进程中，杂志是一股不可忽视的传播力量，对读者大众具有普遍的吸引力。赵家璧从中学时代就开始了文学期刊的编辑实践，再加上1930年代中国报刊媒介空前繁荣，因此在他的编辑工作中总有割舍不了的杂志情怀，他在文学图书的编辑中就借鉴了许多杂志的做法。图书杂志化的实质，是对杂志理念的借鉴而非媒介形式的改变，是在保持图书自身特性的同时吸收杂志的编辑与传播方法，从而对图书的文本、版面及发行进行一系列的革新。《一角丛书》就是对图书杂志化的初步尝试。赵家璧在为《一角丛书》做宣传时说，他试图用定期丛书的出版方式融合杂志与丛书两者的优点："我们鉴于杂志和丛书，两都有其缺点；杂志的文章，短而且杂，收集既不易，携带又不便。丛书呢，目前都是些大纲概要，低的人不要看，高的人不屑看；而那些大块文章，时间精力，两具耗费，加之定价既贵，内容又缺少时间性。我们创办定期出版的一角丛书，便是把杂志丛书的短处丢掉，而把两者的长处，兼收并蓄。"① 杂志是亲和度极高的现代大众媒介，图书的杂志化更加符合读者群体的阅读趣味，有助于提升文学产品的市场竞争力。赵家璧所编文学图书的杂志化特点体现在以下方面。

首先，丛书作为系列化的图书产品与杂志的文化使命高度一致。二者虽各有特点，但它们在反映社会生活、传播先进文化、呼唤时代精神、引领主流价值等方面的功能是一致的，它们共同肩负着"育人""化人"的使命。如果丛书能兼收二者之长，力避二者之短，就能更好地发挥作用。赵家璧认识到他所策划的《一角丛书》与他编过的《中国学生》杂志在文化精神上是一脉相承的，所以《一角丛书》继续保留了《中国学生》内容广泛的特点，每册又可以聚焦于某一选题，汇编这一方面的文章，这样一来丛书连续出版后的总容量比《中国学生》要大得多。当《中国学生》要停刊时，赵家璧安慰读者们说："朋友，我们在这杂志上已有了三年的交情，而今是为了一种不可挽回的决心和更伟大的使命，不得不在这里分手了，要是读者们想找寻你们三年来的朋友，那么，我们就在'一角丛书'里相见吧！"② 图书杂志化是赵家璧对文学传播手段的创新，拉近了文学与读者的距离。

其次，丛书的编辑过程融入了杂志定期、连续出版的编辑理念。《一角丛书》在发布广告时用了"定期丛书"的新名

---

① 赵家璧：《我们为什么出版定期丛书》，《良友》1931年第61期。
② 赵家璧：《最后谈话》，《中国学生》1931年第8期。

词，意在限定丛书的出版周期：丛书从1931年9月1日起，每逢星期五出1册。最初计划是每周出1册，一年共出52册。按出版顺序编号并定期、连续出版。这套丛书的出版频率大体相当于周刊，从出版周期上完全具备杂志的特点。《一角丛书》采用64开本，60页左右，每册两三万字，出版容量和"一角"的图书定价也和杂志不相上下。《良友文学丛书》也具备杂志的某些特征，如连续出版、定价低廉（《良友文学丛书》定价九角）。可以看出，赵家璧所编图书中融入了一定的杂志编辑理念，它增强了新文学的传播效果，是赵家璧文学图书的大众化策略之一。

最后，丛书的选题丰富，与杂志选题庞杂与综合的特点一致。赵家璧在文学丛书选题中充分兼顾不同文学流派的作家、不同知识门类的内容和不同形式的文学体裁，以客观真实地呈现文学对社会的反映，有助于读者对当时的文坛风貌有全面的了解，也有助于读者选择性地阅读。以《一角丛书》为例，它的选题不拘一格，"包罗多种门类，计划关于国内外政治经济等知识性方面选题占半数，小说、散文、传记等将作为争取的重点"[①]，这与杂志选题之"杂"不谋而合。此外，《良友文学丛书》《大系》的选题在观照特定主题的同时具备多元化特征，与杂志的选题策划手法非常接近。《大系》的内容既有文学理论、文学运动，又有诗歌、散文、小说、戏剧等不同文学体裁的作品，其"杂"的内容虽不像杂志那样反映政治、经济、文化等多方面，却反映了文学范畴内部的多元化结构与面貌。

---

① 赵家璧：《我编的第一部成套书——〈一角丛书〉》，载上海鲁迅纪念馆编《赵家璧文集》第1卷，上海文艺出版社，2008，第177页。

杂志化的文学图书编辑方法能够使文学作品形成规模效应，能够借助定期、连续出版及丰富灵活的选题模式建立图书品牌，增强了读者的忠诚度。当今书业所流行的"MOOK"——"杂志书"样式在某种程度上与赵家璧在1930年代图书杂志化的理念是遥遥呼应的。跨越近百年时空，文艺的大众化和通俗化依然是作家、编辑不变的追求，这反映出文学消费群体在现代社会文学生产与传播中的重要性。

二 图像化的传播手段

图像是人类最古老的传播手段，从19世纪初期，随着印刷技术的提高，照片和其他插图突然大量侵入了符号环境，丹尼尔·布尔斯廷称之为"图像革命"，点明了各种机械制作的图像对语言形成的竞争。在外国大众文化与中国传统绘本的双重影响下，在1930年代中国文学消费的图像化趋势越来越明显。最常见的形式就是在文本中辅以绘画，展现一定的文学场景，不仅烘托出生动的氛围，而且有助于解读文本意蕴，极具观赏性，于是，图像化成为现代性在文学领域的一个重要表征。以《良友》画报为代表的一批现代画报风靡一时，充分说明了直观的视觉传达对民众的吸引力，它们是文学图像化传播的最好例证。文学与插图、影像艺术之间是互动共生的关系，图像语言在改变现代文学的艺术形态的同时为文学提供了新的审美要素和艺术空间。印刷技术的进步与大众传媒的兴起，使读者在对文学的阅读需求之外产生的观赏需求得到满足。凭借印刷业务起家的良友公司拥有印刷方面的技术优势，老板伍联德又一向抱有"借图画作普通教育之工作"[①]的观

---

① 伍联德：《良友一百期之回顾与前瞻》，《良友》1934年第100期。

念,因此赵家璧等对文学的图像化传播充满了信心。

连环画集文学性与美术性于一身,是文艺图书的重要成员,它直观明了的传播特点不仅引起左翼作家的关注,而且成为文艺图书市场的热点,是文学内容图像化、大众化、通俗化的典型表现样式。赵家璧受到鲁迅、茅盾等左翼作家朋友的带动,在引进外国连环画和改造中国旧式连环画方面做出了一些努力。1932年冯雪峰在《论文学的大众化》里明确指出:"我们可以而且应当利用这种大众文艺的旧形式,创造大众文艺,即内容是革命的小调、唱本、连环图画、说书等。"[1] 连环图画作为我国传统的民族艺术形式,继承了"诗画同观"的国画审美特性,比外国连环画更擅长图文并茂地讲述故事。茅盾、鲁迅相继撰写《连环图画小说》《论"第三种人"》《"连环图画"辩护》进一步表达对这一艺术形式的支持。鲁迅说:"左翼虽然诚如苏汶先生所说,不至于蠢到不知道'连环图画是产生不出托尔斯泰,产生不出弗罗培尔来',但却以为可以产生出密开朗该罗(米开朗琪罗)、达文希(达·芬奇)那样伟大的画手。"[2] 鲁迅认为,要让中国的美术学徒开阔眼界、吸收营养、有能力改造旧式连环图画,就得引进德国、比利时等国家的木刻或版画连环图画。1933年,赵家璧首先出版了比利时著名版画家麦绥莱勒的4本木刻作品,分别是《一个人的受难》《我的忏悔》《光明的追求》《没有字的故事》,组成了《木刻连环图画故事》丛书。赵家璧希望这些书"在服役于小市民的旧式连环图画和来日成为大众文艺的中国木刻连环图画

---

[1] 冯雪峰:《论文学的大众化》,《文学》1932年第8期。
[2] 鲁迅:《论"第三种人"》,载鲁迅《南腔北调集》,人民文学出版社,1958,第23页。

之间，当一次较有意义的媒介"[1]。正如他所期望的那样，这些书带动了我国青年木刻版画家的成长，如野夫和他的20幅连环木刻《水灾》、38幅连环木刻《卖盐》，温涛和他的48幅《木刻连环画》，陈铁耕和他的13幅《法网之图》，等等，这些都可以看出所受到的麦绥莱勒的影响，甚至有效仿的痕迹。1936年，赵家璧又出版了鲁迅编选并作序的《苏联版画集》，内容丰富、印刷精美、装帧讲究，激发了中国版画创作者的热情。著名版画家赵延年在初学木刻版画时，唯一可参考的资料就是这本书，当时正值抗战，他父亲把一本完整的画册拆散、分多次寄给他，他对此视若珍宝："这本书印得很精美，又都是苏联大师之作，对我的启发太大了，直到1944年创作《负木者》时，也还明显地可以看出受它的影响……赵家璧先生之功是不可没的。"[2] 赵家璧所引进的外国版画丛书虽然不是纯粹的文学图书，却是中国出版界在文学图像化传播方面较早做出的探索，这对中国出版人在文学著作中搭配版画插图有所启发。

赵家璧编印的这些欧洲版画图册在当时并不能完全与市场相适应，主要的阅读人群还是精英知识分子，鲁迅也认为这些画册同流行的连环图画的读者之间的距离太大了，于是他又指导赵家璧改造中国的旧连环画以实现文学传播的通俗化。当时旧连环画大多宣传封建迷信、神怪武侠之类，鲁迅试图将其逐步改造并加以利用，让文艺画册从展示橱窗走向露天书店，与

---

[1] 赵家璧：《〈没有字的故事〉序》，载麦绥莱勒作《没有字的故事》，良友图书印刷公司，1933，第1页。
[2] 杨可扬：《回忆赵家璧同志》，载上海鲁迅纪念馆、上海文艺出版社编《赵家璧先生纪念集》，上海文艺出版社，1998，第28页。

广大读者打成一片。鲁迅建议赵家璧设法与旧式连环画出版商联络,然后找一两位有进步要求的旧连环画画家,由左翼作家供应新内容的文字脚本,以便"挤掉一些陈腐的劳什子"①。赵家璧对此进行了一系列尝试,但中国旧式连环画生产商大多保守,不肯将私人培养雇用的画工与别人分享,所以赵家璧的努力并没有取得成效,但他为画册类图书走向大众读者所做出的努力永载史册,成为中国连环画事业进步的宝贵阶梯。中华人民共和国成立后,赵家璧进入上海美术出版社担任专业编辑,出版了许多以图像手段表达的文学读物,他在1930年代所萌生的文学图像化传播的志向终于有了从容发挥的天地。

今天,当文学传播中出现了图像化传播手段的普及,所传播的图像开始从静态转向动态之后,我们应当认识到,赵家璧在20世纪前期所进行的有关文学图像化传播的种种努力具有先锋意义,深刻影响着我们当下对新型文学传播手段的判断与接受。

三 品牌化的经营措施

图书品牌形象的建立绝非一朝一夕,长期的精心维护才能保持品牌的正面形象。图书品牌代表了图书产品的内容特色和质量特征,良好的图书品牌是出版业中稀有的荣誉资本,能够增强读者对产品的信赖感和黏着度,提升品牌的知名度,为出版机构带来事半功倍的经营回报。赵家璧的品牌化经营措施灵活多样,主要有以下几个方面。

其一,在装帧设计中突出图书品牌。图书品牌的最直观感性的表现形式就是它的装帧设计,这是它留给读者的第一印

---

① 鲁迅:《文艺的大众化》,《大众文艺》1930年第3期。

象。赵家璧深知这一点，他说："编辑仅靠把别人的稿子拿来是不行的，在把他们变成书本时，一定要有新意。作者把稿子给你，如果你能把书变得漂漂亮亮，他最为高兴，这就需要编辑多动这方面的脑筋。"① 良友公司最初是以印刷起家的，《良友》画报又是它的主打品牌，这是赵家璧在文学图书装帧设计方面的优势，先进的印刷设备和印刷技术、优秀的美术设计人才，使他的设计方案能够顺利实现。

良友公司的书刊设计大多深受欧美出版风格的影响，《良友》画报仿照了英国的《伦敦新闻画报》，赵家璧所编文艺图书的封面设计则效仿了欧美图书布面精装的做法，封面高贵典雅。他回忆说："我们的文艺书极大部分是布面或纸面精装，有的外加封套封腰，许多书用米色道林纸印，这就深得作者的欢心。"② 赵家璧认为，良友公司注重图书装帧是吸引许多作家把作品交付良友公司出版的原因。张天翼的小说、散文作品合集《畸人集》是在良友公司第一次出版的，赵家璧把800页的书做成布面精装的厚厚一大册，封面还印上了作者的近照。张天翼拿到书后非常满意，连连赞叹："我的书第一次穿上西装，看，多美啊!"③ 赵家璧与鲁迅合作编选了《苏联版画集》，图书印成后，赵家璧就寄给鲁迅看，图书是精装本，用闪色蓝黑小花点丝绸做封面材料，书名采用珠红色印制，书脊则选用了金色绉纹纸，显得庄重而有品位。鲁迅在比较了当时出版界

---

① 华水：《赵家璧的书橱——一位老编辑的过去和现在》，《编创之友》1983年第1期。
② 赵家璧：《我是怎样爱上文艺编辑工作的》，载上海鲁迅纪念馆编《赵家璧文集》第1卷，上海文艺出版社，2008，第167页。
③ 赵家璧：《我是怎样爱上文艺编辑工作的》，载上海鲁迅纪念馆编《赵家璧文集》第1卷，上海文艺出版社，2008，第167页。

的装帧状况后对此评价道:"在中国现在的出版界情形之下,我以为印刷,装订,都要算优秀的。但书面的金碧辉煌,总不脱'良友式'。不过这也不坏。"①"良友"品牌在外在形式上的体现就是相对统一的装帧设计风格,即被鲁迅先生称作"良友式"的"金碧辉煌"。

其二,在出版标记中彰显图书品牌。图书品牌的另一个重要表现形式就是出版机构的标记。出版标记,顾名思义是出版机构所独有的且固定的一种印记。它既向世人描绘着出版机构的文化形象,也使书籍拥有了一种归属感,成为著作权的一种委婉表达。赵家璧亲自设计过一些出版标记,他说:"我从西方出版的成套文学书的扉页上,看到都有一幅图案设计作出版标记,这也引起了我的兴趣。正巧在一位老同学处看到一幅国外的藏书票,这幅木刻画虽带有点洋味儿,但我欣赏它线条粗犷有力,含意深远,便请美术家加上几笔,用作'一角丛书'的出版标记。画面上一位头戴草帽的农民,在春天广袤的田野里,左肩挂着谷粒袋,右手正在向条条麦垄撒播种子。我就把它印在每种丛书的里封上,并在第一种丛书的书前,写了一段短短的发刊词,谈了选用这幅播种图的意义和希望。此后,我编的'中国新文学大系'、'良友文学丛书'和'中篇创作新集'等的里封、环衬或包封上,都印上这幅图,因而成为'良友'版成套文学书的出版标记了。"② 赵家璧设计的"播种人"标记,不仅寓意深刻,而且简洁生动,容易让读者通过它感悟良友的文化内涵,从而对良友公司的产品所传达的理念

---

① 鲁迅:《鲁迅书信》第4册,人民文学出版社,2006,第111页。
② 赵家璧:《我编的第一部成套书——〈一角丛书〉》,载上海鲁迅纪念馆编《赵家璧文集》第1卷,上海文艺出版社,2008,第191页。

产生信赖及认同。

其三，在系列丛书中树立图书品牌。以丛书形式实现出版的系列化，是树立图书品牌的必要手段。丛书作为系列化出版的图书，是中国图书史上的优良传统：搜集两种以上的图书，按照一定的理念和体例编校，冠以一个总的书名，用统一的版式和装帧印行。丛书比单行本具有许多优势，有人评价说："丛书以汇集群书为归旨，具有部头大、品种多、价格廉的特点。这种特点，便于读者系统性地获取某方面知识，且收藏某方面文献，价格往往比单行本经济实惠，因而受到读者欢迎。对出版者而言，丛书集束性推出，更易建立声势，扩大影响，创立品牌，赢得声誉，若经营得法，往往就是一笔大收入，因而亦被出版者所看重。"[①]

丛书这种出版形式特别受赵家璧青睐，他说："我喜欢成套的文学书，早在大学读书时代已心向往之，把将来也编成几套文学丛书作为自己一生的奋斗目标。"[②] 他一生编选的丛书很多，仅于1930年代编成的就有《一角丛书》《良友文学丛书》《万有画库》《良友文库》《中国新文学大系》《苏联童话集》《人间世丛书》等。赵家璧对丛书的策划，除了内容上的配套之外，还注重丛书在地域、时间上的关联性，以便全面、准确地反映文本的生成逻辑。他还策划过《世界短篇小说大系》和《二十人所选短篇佳作集》，前者因日本发动对华侵略战争而胎死腹中，后者也因时局影响只出了1937年版的便再无续篇。但是我们应该注意到，赵家璧对文学图书的系列化运作彰显了

---

① 吴永贵：《民国出版史》，福建人民出版社，2011，第503页。
② 赵家璧：《编辑忆旧》，载上海鲁迅纪念馆、上海文艺出版社编《赵家璧先生纪念集》，上海文艺出版社，1998，第214页。

"良友"图书品牌的文化内涵，产生了强烈的市场反响。

出版业的品牌化经营是一项艰巨的工程，它贯穿于出版机构的每一个工作流程，既包括对企业品牌的塑造与维护，也包括对图书品牌的培植与推广。赵家璧具有强烈的品牌意识，他的文学图书编辑工作进一步优化了"良友"的品牌形象，也生产出一系列品牌图书，这些图书成为文学史和出版史上的不朽经典。

四　多元化的营销路径

在文学出版市场化的氛围中，文学图书的商品属性逐渐引起大家的关注，只有积极拓展图书销售途径，才能实现文学的市场价值与传播价值。在中国古代，文学的生产并未实现社会化，文人的创作大多不以获利为目的，文学消费被上层贵族和社会精英所垄断，文学图书也不具备大规模发布广告和促销的条件。因此，在文学社会化生产和大众媒介出现之前，对文学图书的宣传与销售渠道普遍较为单一，主要集中在书肆。1930年代，大众文化和大众媒介兴起，市民阶层成为文学消费的主力，文学图书的发行不仅可以直接带来商业利润，也可以带来社会关注度和知名度。于是作家和出版商对文学图书发行量产生了强烈的要求，文学图书的营销策略日益多元化。赵家璧从小就接受海派文化的熏陶，在他的性格中既有海派文人的豁达、包容，也有海派商人的精明、圆融。他既借助上海发达的现代传媒发布广告宣传文学图书产品，也用优惠的促销手段笼络读者，他还巧妙利用作家签名和名家评语产生文学产品的"明星效应"。文学与市场的亲密互动是文学现代性的重要体现，赵家璧的这些文学图书营销方式至今依然活跃，显示在现代社会中文学生存法则具有稳定性。具体来看，赵家璧文学图书营销路径的多元化主要可归纳为以下三个方面。

一是加大图书广告的宣传力度。广告是现代社会宣传推荐图书最普遍的方式，发达的大众传媒是广告产生的重要前提，赵家璧善于利用多种媒介渠道发布文学广告。对于大型出版工程，他还特别策划出版样书供人详细了解图书概貌，预估图书的价值。他为图书拟定的宣传文案字斟句酌、凸显特色，这些文字本身具有很高的艺术性和学术性。

赵家璧刊发文艺图书广告的媒介有许多种，总结起来大致有三类。第一，良友公司的自办刊物。良友公司的支柱刊物《良友》画报成为赵家璧刊发图书广告最多的一份媒体，其月销量最高达到过4万份，这保证了广告的有效性。他在回忆《良友》画报时说道："……三十年代几百种良友文艺新书的出版信息，无一不是通过这个画报最早传递给广大读者；在该报的广告页上，留下了我走过的足迹。"① 良友公司还有两份刊物，分别是林语堂主编的《人间世》和巴金、靳以主编的《文季月刊》，它们也是刊发赵家璧图书广告的重要阵地。第二，最具影响力的商业报纸《申报》。《申报》是当时上海最负盛名的大众媒体，在当时销量最高。《申报》的广告业务很受重视，到1915年4月，广告所占版面已经超过了新闻和副刊的总和②。文学图书广告是其中的重要内容，有学者认为，单从《申报》广告就可以解读出中国文学的嬗变过程③。赵家

---

① 赵家璧：《〈良友画报〉二十年的坎坷历程》，《新闻研究资料》1987年第1期。
② 黄瑚：《中国新闻事业发展史》，复旦大学出版社，2004，第116页。
③ 学者潘薇薇专门研究过"从《申报》广告看中国近代小说运动"这一课题。

璧选择《申报》来刊发图书广告正是看中了它在广告界和文艺界的影响力。第三,文学图书的版面。赵家璧主要负责文学图书的编辑和出版,因此文学图书本身也被他开发成刊发广告的园地。他常常在图书的末尾增加一份图书所在丛书系列的清单和简介,便于读者了解与其阅读趣味相关联的书业信息,具有很强的针对性。赵家璧灵活多样的广告渠道又具有相同的特征——以市民阶层为主要受众。由此可以看出,赵家璧对广告媒介的选择十分慎重,广告投放的目标很明确,稳定的受众群体保证了广告的良好市场效应。

对于内容庞杂的大部头丛书,只言片语的广告难以充分说明其特性,赵家璧便采取了更为新颖也更为隆重的广告手段——样书。样书是当时上海出版界对重点图书的宣传手段,它摘编一部分原书内容,并配以大篇幅的宣传性文字和图片,它的好处在于:"于出版者,可以从容展示原书精华,突出商业卖点;于购读者,可以管窥全书原貌,提供购买参考。"[1]《大系》样书的内容丰富而凝练,具体包括:赵家璧撰写的《大系缘起》,用以说明全书编辑的意义和各分卷的内容;蔡元培撰写的《总序节要》,用以突出号召者的地位和影响力;鲁迅、胡适等 10 位编选者所写的《编选随想》,用以讲述编选的原则及过程;还有冰心、林语堂、叶圣陶的推荐语,以及预售的具体措施,编选者照片及全书影等。这本样书共 60 多页,已经达到了一本小书的规模。《中国版画史》的样书不仅印刷精美而且内容丰富,由于很受读者欢迎,赵家璧决定印刷 1000 册并以每册一元的定价投入市场。样书在赵家璧手中既发挥了宣传功能,又有了图书产品的功能,甚至成为有学术价

---

[1] 吴永贵:《民国出版史》,福建人民出版社,2011,第 342 页。

值的文献。

赵家璧撰写过大量广告文字，由于受广告费用和读者信息接受能力的制约，文字必须简明扼要，非常考验语言功力。他的广告语有时借用别人对作品的评论；有时强调物美价廉、物超所值，如"全书十部只售大洋七元"；有时强调数量有限、文献珍稀，如"限印二百部，绝不再版，欲订从速"；有时又强调图书印刷技术的考究，如"全书三百六十面，完全单面印"。赵家璧所撰写的图书广告语简练、朴实、重点突出，在有限篇幅内尽可能充分地展示图书特色、引导消费，文学图书的传播渠道得以疏通。

二是实施优惠销售措施。赵家璧在销售图书时采取了灵活多样的优惠措施，制定了阶梯式的预售价格和多种折扣特价，以适应读者多样化的购买力。阶梯式的预售价格就是指，根据预付款项的比例采取不同的优惠折扣，预付款项越多，价格越优惠。比如，《一角丛书》每月出版4册，每册1角，全年48册，共计4元8角，赵家璧的优惠措施具体为："一季十二册，订书费大洋一元；一年四十八册，计大洋四元。"① 《良友文学丛书》在出版第一辑后市场反响良好，在第二辑出版时，赵家璧采用了阶梯式预付优惠的销售策略："第二集二十册，原价大洋18元，甲种预订，一次付款，减收大洋九元；乙种预订，分期付款，先付大洋4元，以后每出一册，取书时付大洋三角，以20部出齐时付清大洋10元为止。"② 并且声明"本丛书零售每册仍售9角，预订期后，2年内不售半价"。③ 赵家

---

① 《一角丛书》广告，《申报》1931年9月20日。
② 《良友文学丛书》广告，《良友》1934年第9期。
③ 《良友文学丛书》广告，《良友》1934年第9期。

璧还对某些图书产品采取了特价销售的策略。比如，在《苏联版画集》出版后，限前3个月为特价期，铜版纸版本原为每册定价3元4角，特价为2元4角；道林纸版本原为每册定价2元，特价为1元6角。又如，在《大系》普及本出版时，全书共十册，原总价为10元，特价定为7元。

《大系》体现了赵家璧图书销售策略的综合性和灵活性。这部书采用的预售方式为在图书正式出版之前由读者认购图书，这种做法有利于准确估算印数、成本，有效降低库存。具有重大历史文献价值的《大系》读者分布十分广泛，他们的购买力存在很大的差异。有鉴于此，赵家璧出版了两个版本。一种是布脊烫金精装本，正文用德国80磅米色玉书纸印刷，显得厚重典雅。1935年9月，为了惠及学生读者，赵家璧又出版了《大系》的白报纸纸面精装普及本，售价10元，预售价7元。赵家璧为《大系》精装本制定了限时优惠的销售策略："全书十大部，定价大洋20元，3月5日开始预约，5月15日截止预约……甲种预约，一次付款，大洋14元，国内挂号邮费全免，国外另加每部10元；乙种预约，分期付款，预约时先付大洋6元，以后每出1部，取书时付大洋1元，以十部出齐付清16元为止。"① 由于这部大书很受读者欢迎，赵家璧响应大家的要求延长了一个月的预售期限。赵家璧为文学图书制定的销售策略灵活周到，使文学传播突破了消费能力的限制，在保证文学产品经济效益的同时收获了更多的读者群体。

三是发挥名人消费效应。人们对有名望的人一般都十分崇敬。在商品销售中，经营者可利用消费者敬慕名人的心理来销售商品。名人本身具有极高的知名度，名人效应就是利用名人

---

① 《中国新文学大系》广告，《良友》1935年第3期。

第五章　适应市场法则

的知名度来达到提高产品知名度及消费认可度从而带动大众消费的目的。赵家璧准确地捕捉到受众的这一心理，将其运用到文学图书的宣传工作中，作家签名及名人对文学图书的评语是他发挥名人效应的两大法宝。

赵家璧在出版《良友文学丛书》时，尝试了制作作家签名本的方式，带来了很好的市场回报。当文学图书的商品属性被肯定时，人们便会产生不同的消费需求。同样一本书，有没有作家的签名就预示着这本书有没有收藏价值。作者的亲笔签名仿佛一本书的眼睛和神韵，签名字体直观表现了作者的精神、气质、修养和趣味，是作者的一张生动"名片"。作家签名本图书往往能制造出图书产品的稀缺性，从而带动读者的购书热情。在外国，发行作者的签名本由来已久，由于签名本具有历史收藏价值而大幅抬高了图书的售卖价格。赵家璧在策划文学图书时，很重视作家签名本这一促销手段。他说："为了使中国读者也养成这种爱好作者签名本的习惯，丛书（指《良友文学丛书》）创刊后，也引进了这个办法，每种新书出版，先在门市部出售编号的作者签名本一百册，书价相同……原来我们和作者签订约稿时，就交他一百张编号空白的签名纸，签好后先交给我们保存，一待出书装订时，就把这一百张纸，作为里封衬页，裱在一百册布面精装封面的背后，这样就成了作者签名本。"[①] 因为是未雨绸缪，所以即使作者在交稿后发生失联、死亡等特殊状况，签名本图书仍能照原计划出版。当年左翼作家丁玲被国民党当局秘密抓捕，这是一个震动文坛的突发事件，鲁迅建议赵家璧趁此时机提前出版丁玲的

---

① 赵家璧：《重见丁玲话当年——〈母亲〉出版的前前后后》，载上海鲁迅纪念馆编《赵家璧文集》第1卷，上海文艺出版社，2008，第216页。

《母亲》以带动读者声援丁玲。新闻热点再加上作家签名使《母亲》一出版就成为热销书,"签名本一抢而光,其余的也售出很多"。① 在作家失联的特殊状态下,签名本成为作家与读者精神交流的重要媒介。

知名人物和权威媒介在人们心目中往往占据重要的位置、拥有一定的号召力,名人荐书可以增强读者对作品的认可度和信赖感,这符合"媒介领袖"的传播学逻辑。在《大系》一书的宣传过程中,赵家璧把权威人士的评语一并收入样本,借他们的影响力为《大系》营造良好的舆论氛围,从而带动读者的阅读、购买热情。《大系》样本中的名人评语大多真诚、中肯,绝不像当下畅销图书在腰封和封底处所载名人荐书语录那般浮夸。冰心的评语是:"这是自有新文学以来最有系统、最巨大的整理工作。近代文学作品之产生,十年来不但如笋的生长,且如菌的生长,没有这种分部整理评述的工作,在青年读者是很迷茫紊乱的。"② 叶圣陶的评语是:"良友邀约能手,给前期新文学结一回帐(账),是很有意义的事。结算下来,无论有成绩,没成绩,对于今后的文学界总有用处。"③ 林语堂的评语是:"民国六年到十六年在中国文学开了一个新纪元,其勇往直前的精神有足多者。在将来新文学史上,此期总算初放时期,整理起来,甚觉有趣。当时文学未成为政治之附庸,文学派别亦非政党之派别,此彼时与此时之差别,其是非

---

① 赵家璧:《重见丁玲话当年——〈母亲〉出版的前前后后》,载上海鲁迅纪念馆编《赵家璧文集》第1卷,上海文艺出版社,2008,第217页。
② 赵家璧:《话说〈中国新文学大系〉》,载上海鲁迅纪念馆编《赵家璧文集》第1卷,上海文艺出版社,2008,第298页。
③ 赵家璧:《话说〈中国新文学大系〉》,载上海鲁迅纪念馆编《赵家璧文集》第1卷,上海文艺出版社,2008,第298页。

待后人论之。"[①] 三位荐书人来自不同的文学阵营，却表达了同样的赞赏，这说明《大系》在文坛具有较广泛的认可度。他们的评论也引导了读者对《大系》的价值判断。事实证明赵家璧的这些努力是成功的，《大系》初版的布面精装本2000套，在全书各分册还没有出齐的时候就已经被订购一空，于是又加印了2000套，加上精装普及本的2000套，全书共计发行了6000套。对于一本500万字的大部头图书来说，这是非常可观的发行业绩。

受当时文学出版商业化氛围的影响，赵家璧在图书营销方面的市场化策略带有明显的追逐经济利益的一面。但是，经济利益和社会利益、文学理想并非一定是背道而驰的，这些市场化策略在帮助实现经济利益的同时，达到了促进文学传播、深化文学社会功能的目的。在中国现代文学的初始阶段，编辑对图书的责任是从始至终的，这与当下文学编辑只负责书稿出版的情况大不相同。尽管出版体制已经发生了改变，但赵家璧有关文学图书的市场化策略给了今天出版业许多启示：文学编辑应该具备全面的编辑修养，重视市场考察，密切关注读者需求。

市场化生存是中国现代文学"现代性"的重要标志，与传统的文学相比，现代文学的成功与否，除了文学场的内部评价外，又增加了市场效益这一文学场的外部评价。赵家璧在文学编辑事业中继承并重塑了良友品牌，使良友公司出版通俗读物、精品读物的形象深入人心。赵家璧的一系列市场化策略是他平衡文学的艺术价值与商业价值、探索文学与商业协调发展

[①] 赵家璧：《话说〈中国新文学大系〉》，载上海鲁迅纪念馆编《赵家璧文集》第1卷，上海文艺出版社，2008，第298页。

的宝贵经验。赵家璧的文化市场战略与文学的底层化、庸俗化路线截然不同,它并未在文学市场环境中放弃原有的文学理想,它是借助文学市场的传播规律达到传播现代文学经典作品、普及新文学观念和促进新文学创作的目的,这是赵家璧通向文学理想的现实路径。

结　语

现代传媒业的发达为文学的繁荣与演变提供了不竭的动力,当我们回顾中国现代文学发展的百年历史,能深切地感受到文学与媒介之间你中有我、我中有你的共生关系。从文艺传播学的视角考察中国现代著名的编辑家、出版家和翻译家赵家璧在 1930 年代的文学编辑活动及其对中国现代文学的影响,涉及对文艺学、编辑出版学、传播学、翻译学、社会学等多种学科理论知识的交叉运用。文学编辑是文学传播媒介的"把关人"和推动者,文学编辑的艺术理想与审美标准将通过具体的选择、修饰、组构等编辑行为施加于文学读本,进而产生社会影响,文学编辑因此成为文艺传播学中非常值得关注的研究对象。

本书对赵家璧文学编辑活动的研究限定于 1930 年代上海的文学场,这处在新文化运动发生后的第二个十年:中国左翼作家联盟成立,现代出版业迎来"黄金十年",媒介报刊化、文学商业化、文学意识形态化是 1930 年代文学场的突出特征,构成了赵家璧进行文学编辑活动的客观现实条件。本书的核心观点可归纳如下。

一　赵家璧在文学场中的主体作用

印刷媒介中的传播权力关系,表现为"握有版面者握有权力"的特质，职业文学编辑在文学生产与传播过程中处于关键岗位，其"把关人"的主体地位十分显著。有学者指出，在作者、编者、读者三种角色组成的文学传播结构中，"由于市场压力及版面有限，该呈现什么或如何呈现，都必须经历比较、取舍过程，其中特别又以编辑为运作核心，他们处在文学传播中关键性的位置上。……编者较便于介入文学传播的核心运作，对版面内容之取舍、编排亦有较大的作用力，而作者和读者却无法直接碰触版面的编辑过程，其地位较为被动"①。因此，编辑在文学传播中比作者更具有决策权和影响力。他们有权决定让受众知道什么、不知道什么，甚至他们对某个文学问题、某部文学作品、某位作家的认同或鄙弃，会直接导致对作品的推选、过滤、改写或阉割。他们的审美趣味成为文学场的一种导向，对形成和完善作品的题材、主题、人物、体裁、语言、结构及流派、风格等有着重要影响。书稿在进入编辑环节之后，被注入了新的创造因素，呈现新的面貌。有学者指出："编辑作为作家和读者之间的中介，他的审美意识是特殊的，带有引导的作用，人们可以经过编辑的审美个性去认识事物，认识世界。"②从这个角度说，文学编辑促成了文学作品的诞生或再生，他们与作家、评论家共同建构着文学的殿堂，是书写文学史的重要力量。

按照布尔迪厄的场域理论，文学场的发展状态总离不开这些起关键作用的行动者，赵家璧作为特定文学场中的行动者，必然一方面受制于文学场的规约，另一方面发挥文学场行动者

---

① 文言：《文学传播学引论》，辽宁人民出版社，2006，第222页。
② 赵雅安：《论文学编辑的审美》，载李建伟编《编辑实务》，河南大学出版社，2014，第61页。

结　语

主体的主观能动性，通过一定的行动策略反作用于文学场。换句话说，文学实践活动建构着行动者的行事风格，行动者又通过自身的实践活动建构着文学场，文学场与行动者主体在相互建构中演绎文学发展的历史。当封建体制瓦解、新文化运动勃兴，开埠后的上海逐渐成为中西文化交流的枢纽站，在这样的历史环境下，赵家璧的原生家庭中有多人支持新式学堂、崇尚思想解放，从而培养起赵家璧亲近新文学、传播外国文艺的文化品格。日益成熟的现代出版业和中国作家群体因政治、经济因素影响而纷纷迁居上海的壮观场面，使赵家璧于1930年代的文学编辑活动得天时、地利、人和而取得了丰硕的成果，他和作家群体在文学生产道路上并肩作战，共同探索中国新文学的现代化发展方向。

赵家璧职业文学编辑的身份使其在文学场中拥有特定的话语权力，因此，他的文学编辑活动往往能够对公共文化产生显著的影响。赵家璧履行文学编辑职责的过程，是贯彻其文艺思想的过程。他通过对选稿标准的制定、丛书功能与特色的定位以及对作者群体的筛选，表达了他总结五四新文学成就、借鉴外国文艺以确立中国文学现代化发展路径的强烈愿望。赵家璧既保持自由知识分子开放包容的情怀，也对左联作家表现出极大的同情与支持，他的编辑工作不会刻意回避哪一类型的文学，从而能够较为全面和客观地展现当时中国文坛的现实状况。赵家璧策划的《一角丛书》《良友文学丛书》《中国新文学大系》《世界短篇小说大系》《二十人所选短篇佳作集》等，凝聚了他建构中国现代文学经典读本和中国现代翻译文学经典读本的努力。

赵家璧是中国近现代文学史中具有传承意义的文化人物。

中国文学现代性的生成经过了几代人的努力，并非一蹴而就。清末梁启超积极参与、发起"诗界革命"和"小说革命"，在中国从传统文学转向现代文学的过程中发挥了重要作用。他既重视直接的思想启蒙与政治鼓动，也十分注重利用文学创作和书刊媒介影响大众。他对诗歌、小说、散文、戏曲等各种文学体裁的变革都有重要贡献，对于文学语言由文言向白话的过渡也起到了积极作用。五四文学革命是在近代文学改良基础上提出的新目标，其革命理念和手段在一定程度上都受到了梁启超的影响。因此，赵家璧作为文学传播主体，是中国文脉流传过程中值得深入研究的人物，他的文学编辑事业折射出中国从传统文学向现代文学转变的集体意识。

尽管有许多文学历史事件和文学观念的变迁不能准确地指出是具体由哪个人推动和促成的，但是历史毕竟是人的历史，对文学现象的研究离不开对文学主体的研究。赵家璧在大众传播机制中的特殊身份使他的文学传播影响力借媒介之功而得到一定的放大，他所集结的现代文学生产力，他所策划、组织出版的文学书籍使中国现代文学的艺术标准不仅获得较高的社会认同度，也得到了专业领域学者的肯定，他开放包容的文学观使中国现代文学呈现向外国文艺学习、各流派共同繁荣的局面。

二 赵家璧对中国文学现代化与经典化的建构

赵家璧对于五四新文学传统不仅有守成之功劳，且有开拓之贡献。具体来说，赵家璧于1930年代的文学编辑活动对中国现代文学的影响表现在：集中展示中国现代文学的创作力量，向中国输入外国现代文艺思潮及作品，完善中国现代文学

结　语

的学科体系，确立中国现代文学作品与理论的经典地位。总之，赵家璧以编辑劳动传播了现代文学作品，集中展示了中国当时的文艺创作力量，他为中国新文学现代化与经典化的建构做出了巨大贡献。

赵家璧在服务作者的过程中促进了中国现代文学的创作。文学编辑的职责之一就是为作者服务，在服务的过程中，文学编辑的工作范围远不止对原稿的修改和加工，还包括提出选题、为作者指明写作方向，这促成了一大批作品的创作。1930年代，赵家璧特别注重文学图书的策划，他召集一些作家共同探索文学生产的新形式，为读者的精神世界开辟新领域。他曾为谢冰莹、茅盾等人限定了写作选题，并约定了交稿时间，他曾发挥创造力，策划了《大系》，使之成为不朽经典。他坚持文艺面向读者、面向大众，这在一定程度上影响了作家的创作方向。学者张典说："赵家璧虽然不是作家，不直接写作，但是他总是主动沟通和协调作家、读者之间的关系，他采取一定的编辑手段加速文艺作品的生产过程，对新文学的生产、优化、物化和传播交流起着催化作用。"[1] 赵家璧以自由知识分子的立场团结不同团体、不同流派的作家，他曾非常明确地指出："三十年代，良友的取稿标准，主要是争取革命的进步作家，但也并非清一色，对不同流派的作家，只要不是极端反动的，也给一席之地。"[2] 他的文学编辑成果汇聚了风格多样的文学作品，最典型的当属《良友文学丛书》，这是对国内一流作家进步文艺成就的总展示，人们可以从中直观地了解中国文艺创作的整体水准。《良友文学丛书》被《现代》杂志誉为

---

[1]　张典：《赵家璧与新文学运动》，《编辑之友》2001年第4期。
[2]　赵家璧：《编辑忆旧》，生活·读书·新知三联书店，2008，第133页。

"1933年中国文坛上最大的贡献"[1],其中收录的作品大多是初版本,是研究作家成长轨迹与作品流传情况的重要依据,具有珍贵的文献价值。

赵家璧通过翻译和编辑工作向中国引进外国现代文学作品,向中国读者介绍世界文学发展态势,西方的浪漫主义、唯美主义、现实主义、现代主义等文艺流派和欧美各国的现代文学发展史成为被介绍的重点。他试图通过这样的方式为中国作家提供可资借鉴的摹本,促进中国文学的现代化转变,《世界短篇小说大系》《今日欧美小说之动向》《新传统》等显示出他从西方文学经验中寻求中国文学现代化发展之路的迫切心情。赵家璧在《新传统》一书中借美国文学摆脱英国殖民影响而全面独立的历史激励中国正在进行的新文学革命,认为美国文学的语言和主题方面的突破是其获得独立地位的关键,中国的新文学建设也应重视这一经验。赵家璧的翻译出版活动从社会、军事、政治、文化等多方面介绍了各国现代国家的建设情况,响应了中国公共舆论核心话题中有关民主与科学的讨论,激发了中国国民现代意识的觉醒。赵家璧向中国引进的外国作家人数众多,其中赛珍珠、尤金·奥尼尔、萧伯纳等都是诺贝尔文学奖的得主,赵家璧间接地将外国文学的重要奖项带入中国大众的视野。他系统性地将外国文艺思潮和作品引入中国,丰富了中国作家的创作方法,引领中国文学渐渐走出自我陶醉的小格局,从而有机地融入世界文学阵营。20世纪以来中国文学就是在这种世界性的文学体系中不断完善、不断创新并取得更高成就的。

---

[1] 马国亮:《家璧和我》,载上海鲁迅纪念馆、上海文艺出版社编《赵家璧先生纪念集》,上海文艺出版社,1998,第12页。

结　语

　　媒介与文学的商业化倾向为中国现代文学的生存提出了新的挑战，作为文学编辑的赵家璧不仅需要关注文学创作中的艺术表现，还要关注作品在传播过程中的现实命运。他在文学图书策划与营销中的灵活多变措施为现代文学作品的流传疏通了渠道，换句话说，商业化的生存策略是中国文学现代性的一个重要特征。当下，文学媒体发生了巨变，融媒介、多媒体技术与赵家璧的印刷媒介之间具有巨大差异，但他为中国现代文学的媒介化与商业化生存积累的经验在今天依然适用。

　　选本制作是赵家璧举荐经典的重要手段，他通过编辑活动为中国现代文学树立了经典。在他众多的选本成果中，《大系》代表了他现代文学编辑的最高成就。《大系》既是对新文学合法地位的自我证明，也是树立新文学经典的初步尝试，成为多年来学者进行中国现代文学研究的必读书目。经典往往具有较高学术或艺术水准、又能经受住时间检验而流传于世，《大系》自身作为文献的经典性充分证明了赵家璧在这部书中编辑工作的成功，《大系》对中国现代作家与作品经典地位的确立产生了深远影响。《大系》体现了赵家璧对中国现代文学体系的冷静思考，它十年分期的历史思维，小说、散文、诗歌、戏剧四大文体的划分方式，以及作品、理论、运动三者相互参证的文学史描述方法与研究方法都深入人心，中外学者有关中国现代文学史的阐述大多遵循了这样的思路。《大系》受到西方文学典籍的启发，召集中国的学术精英对中国本土的新文学成就进行了阶段性总结，在《大系》的带动下，"新文学史研究的学科意识及其地位在学术界得到空前的加强"。[①] 正

[①] 温儒敏：《论〈中国新文学大系〉的学科史价值》，《文学评论》2001年第3期。

是凭借这种超前的文化意识和非凡的编辑才能，赵家璧完成了对文学新体系的建构。

赵家璧的编辑成果及藏书以"赵家璧专库"形式被列入上海鲁迅纪念馆的"朝华文库"（该文库以典藏鲁迅相关人士文物资料为主要功能），他的文学编辑成就被写入高校编辑出版专业的教材，用于启发和培养文化建设的新生力量。这些都表明，赵家璧在新文学建设事业中的贡献及地位已经得到世人的瞩目，他是中国现代文学发展史上值得深入研究的人物。

三　赵家璧研究的当代意义

在新文化运动发生 100 多年后来回顾和研究赵家璧在新文学事业上的贡献，对当代的文学传播事业具有十分重要的意义。我们在思考赵家璧文学编辑事业的成功与不足时，也是在谋求中国当下文学传播与文学发展的对策。

赵家璧在文学编辑事业中所体现出的文化品格给当代人许多启示。与外在的编辑技法和经营策略相比，赵家璧包容、求变的内在文化品格才是他形成巨大文学影响的根本原因。这引发了我国对于当前新闻传播和编辑出版人才培养的深刻思考：只囿于对技术的传授而忽视对品格的造就，培养出的人才必定很难拥有广阔的世界眼光和庄严的历史使命感。赵家璧对文学编辑事业有强烈的职业自觉，这种职业自觉是其文化品格的重要组成部分，体现为对文学功能的深刻认识和对文学使命的毅然承担。赵家璧在看到反革命文化"围剿"对文化事业造成的重创之后，进行了反省："开始感到当编辑就得当个有理想

结 语

的编辑,出书就得出推动时代前进有益于人民的书。"① 终其一生,赵家璧都在努力践行这一准则,无论是在文化进步事业遭遇打击的 1930 年代,还是在颠沛流离的抗战时期,他寸步不离地坚守文学编辑的阵地,为时代、为人民出版有益的图书。叶圣陶曾致信赵家璧,对他于 1930 年代的编辑事业进行高度评价,说:"鲁翁毕生致力于编辑极勤,主旨唯在益人,其于'良友',即已尽力不少,信可感念。"② 赵家璧的文学编辑事业尽管是在文学出版商业化的大背景下进行的,他也采取了多种措施来实现文学出版物的市场价值,但是,有一点我们不得不承认,他追逐的并非纯粹的商业利益,他依然坚守着自己的人文理想和美学信念,他从来没有因为进步出版事业的艰难而放弃理想,也从来没有因为经济利益的诱惑而出卖知识分子的良知,在他身上,我们看到了一个勇于担当历史使命的大编辑形象,看到了一份对民族、对文学高度负责的文化情怀。他所坚持的文学大众化路线,兼顾了文学的社会功能和商业价值。

赵家璧"书比人长寿"的文化传播理念在当代社会依然适用。赵家璧的文学传播成就不仅受到同时代人的称赞,也受到后来人的景仰,激励着后来者以执着的信念投入到文学编辑事业中来。20 世纪 80 年代初,中美文化交流中的重要国际友人、美国哈佛大学教授费正清博士在答复赵家璧的一封长信中说:"我深信刊印的书籍,比起人来,更为长寿。"③ 赵家璧把

---

① 赵家璧:《我是怎样爱上文艺编辑工作的》,载上海鲁迅纪念馆编《赵家璧文集》第 1 卷,上海文艺出版社,2008,第 164 页。
② 赵家璧:《编辑忆旧》,生活·读书·新知三联书店,2008,第 9 页。
③ 赵家璧:《关于〈美国文学丛书〉》,载上海鲁迅纪念馆编《赵家璧文集》第 2 卷,上海文艺出版社,2008,第 413 页。

它概括为"书比人长寿"作为自己的座右铭。他鼓励青年人："更有意义的工作，还在于要把编书当作一种具有创造性的劳动来干。如果先在编辑头脑里酝酿形成一个出版理想，然后各方请教，奔走联系，发动和组织作家们拿起笔来，为实现这个出版计划而共同努力，从无到有，创造出一套具有特色的丛书来；那么，一旦完成，此中乐处，就别有滋味在心头了。"[①]凭着"书比人长寿"的坚定信念，赵家璧在晚年仍笔耕不辍，一心要"把编辑出版走过的足迹，留下供后人作史料参考"[②]。赵家璧先后出版了《编辑生涯忆鲁迅》《编辑忆旧》《回顾与展望》《文坛故旧录——编辑忆旧续集》《书比人长寿》等专著，翔实地记录了他的编辑生涯，这对中国现代文学史、出版史的研究均有重要价值。1990年，他以82岁高龄获得第二届韬奋出版奖，这是对他毕生躬耕于文学编辑事业的最高荣誉。如今斯人已逝，但赵家璧对现代文学发展的功绩随着他编辑、撰述、翻译的文字长久地留存于世。他的学人形象和成功经验，成为今天中国文学和出版事业的宝贵财富。

回顾赵家璧于1930年代的文学编辑事业，遗憾也在所难免，我们在当前的文化建设中应避免重蹈覆辙。赵家璧受到1930年代社会文化思潮的影响，在文学上践行的是全盘西化路线，与中国的文学传统几乎完全割裂，这是值得我们深刻检讨并予以纠正的。赵家璧从西方文学中寻求榜样，为中国文学的现代化转变探索路径，这些做法固然功不可没，但是，他又

---

① 赵敬立：《大家杳然去，珍璧遗人间——漫谈出版史上的赵家璧》，载上海鲁迅纪念馆编《赵家璧文集》第5卷，上海文艺出版社，2008，第238页。

② 赵家璧：《致马国亮》，载上海鲁迅纪念馆编《赵家璧文集》第5卷，上海文艺出版社，2008，第178页。

结　语

处处把西方的价值观念作为中国文学的标准，这是赵家璧文学编辑事业中挥之不去的弊病。例如，赵家璧把西方国家摄制《堂吉诃德》看作电影与小说两种艺术形式联手的"佳话"，从而对中国把茅盾的小说《春蚕》改编摄制成电影欣喜不已；又如，《大系》从十年分期和文体分类上都强调自身的西化立场，有学者对此尖锐地批评道："从这个意义上说，《大系》是一个文化上的自我殖民的规划，西方成为人们赖以重新确定中国文学意义的终极权威。"① 此言虽不无偏颇，但也指出了赵家璧文学编辑事业的局限性，我们应对此保持足够的清醒。当代文学既要与世界文学并肩前进，也要发扬中国优秀的文学传统，要对中华优秀传统文化进行创造性转化和创新性发展，使之成为滋养民族文学的不竭源泉。

赵家璧是新文化运动的受惠者，他是在新文学、新教育的滋养下成长起来的知识分子，对继承新文学事业具有高度的自觉性。新文学强大的生命力是赵家璧文学编辑事业的原动力。有人说："书籍是人类历史经验的沉淀，是文化积累的传承，历代贤哲的继往圣绝学、开万世太平都离不开它；现代知识分子启民智、助教化也要依靠书籍出版。……一个先进文明的社会，不仅需要书商，还需要不仅仅以获利为出书标准的出版者，这些人深知文化对民族的重要性，他们把道德学问和入世谋生结合在一起，形成知识分子另一种方式的经世致用。"② 赵家璧是一个优秀的文学"把关人"：在作家和读者之间，他以编辑的身份为文学把关，在外国文学和中国读者之间，他以

---

① 刘禾：《跨语际实践——文学，民族文化与被译介的现代性》，宋伟杰等译，生活·读书·新知三联书店，2002，第332页。
② 施晓燕：《赵家璧画传》，上海人民美术出版社，2008，第184页。

译介者的身份为文学把关。他以高度的历史使命感守望着中国现代文学的园地，从某种意义上说，对赵家璧文学编辑事业及其影响的深入解读也是对新文学革命事业的深入解读。遗憾的是，赵家璧尚未引起学术界足够的重视，与赵家璧有关的公开资料与学术成果也很有限。笔者虽做了一番努力，试图梳理赵家璧文学编辑的经历与经验，系统研究其对中国现代文学的历史贡献及影响，从而对编辑主体与文学建设的关系进行归纳，但是也不得不承认，由于笔者才薄智浅，本书尚未做到充分论述。关于赵家璧还有许多未尽的话题，希望随着资料日渐累积，在专家及同仁的指导下，学界能有更多的研究成果出现。无论文学在未来经历怎样的曲折与繁荣，传播主体发生怎样的变迁，文学编辑在维护文学秩序、传播文学思潮、督促文学生产中的功能必将引起更多学者的关注，成为文艺传播学常谈常新的话题。

附 录

表 1　赵家璧编辑、翻译、创作成果统计表

1. 学生时代（1926~1928 年，共 3 年）

	成果	总量	备注
责编	《晨曦》校刊 《晨曦季刊》校刊	刊物 2 种	主要发表于校刊，即《晨曦》与《晨曦季刊》
译著	《爱》（法·莫泊桑） 《奥德赛本事》	2 种	
创作	文学作品及文学评论	12 种	

2. 任职于良友图书印刷公司期间（1929~1938 年，共 10 年）

	成果	总量	备注
责编	《中国学生》杂志 《一角丛书》（80 种） 《良友文学丛书特大本》（4 种） 《木刻连环画故事》（4 种） 《万有文库》（44 种） 《良有文库》（16 种） 《中国新文学大系》（含宣传样本 1 册，共 11 种） 《世界短篇小说大系》（9 种，预订发行，未出版）	刊物 2 种，图书 277 种	任职于良友图书印刷公司

续表

	成果	总量	备注
责编	《短篇佳作集》		
	《苏联童话集》（4种）		
	《儿童自然科学丛书》（6种）		
	《中篇创作新集》（10种）		
	《现代中国史丛书》（3种）		
	《世界各国现势丛书》（2种）		
	《百科写真集》（12种）		
	《良友文选》（4种）		
	《人间世丛书》（5种）		
	《图画知识丛刊》（5种）		
	《现代散文新集》（5种，前4种已出排，未出版）		
	单行本（52种）		
	《大美画报》杂志		
译著	《史太林传》（节译）	24种	发表于《现代》《译文》《文季月刊》等多种文学刊物，或独立出版
	《五年计划的故事》		
	《东方、西方与小说》（美·勃克夫人）		
	《希特拉》		
	《凯末尔评传》		
	《梅兰沙》		
	《雾》		
	《近代苏俄小说之趋势》		
	《近代美国小说之趋势》（美·华尔德曼）		
	《近代德国小说之趋势》（德·瓦塞曼）		

续表

	成果	总量	备注
译著	《近代西班牙小说之趋势》（西·蒲里契）		
	《近代意大利小说之趋势》（意·皮蓝得累）		
	《近代英国小说之趋势》（英·瓦尔普尔）		
	《室内旅行记》		
	《今日欧美小说之动向》		
	《冒险》（美·安德生）		
	《纸团》（美·安德生）		
	《美狄亚》（希腊·优立辟谛斯）		
	《苏联的版画》		
	《分离》（苏·梭洛各夫）		
	《大屠杀》（苏·高尔基）		
	《论文学及其他》（苏·高尔基）		
	《成熟》（美·休伍安特生）		
	《普式庚之死》（苏·克拉趣考夫卡耶）		
创作	文学作品及文学评论	77种	

3. 抗战爆发至出版业公私合营改造期间（1939~1954年初，共15年）

	成果	总量	备注
责编	《良友文学丛书》（2种）	刊物1种《（第二次世界大战画报》），图书351种	任职于良友复兴图书公司
	《第二次世界大战丛书》（3种）		
	《耿译俄国文学名著丛书》（耿济之所译作品，2种）		
	《现代散文新集》（2种）		

续表

	成果	总量	备注
责编	单行本（3种）		
	《中国版画史图录》（4函16册）		
	《第二次世界大战画报》		
	单行本（10种）		公司迁至桂林
	单行本（8种）		公司迁至重庆
	《抗战八年中国新文学大系》（8种，已签合约，未出版）		
	单行本（3种）		公司迁至上海
	《晨光文学丛书》（39种）		任职于晨光出版公司
	《晨光世界文学丛书》（23种）		
	《苏联文学丛书》（11种）		
	《版画集》（5种）		
	《苏联名家画集》（8种）		
	《新中国画库》（3辑，60种）		
	《人民民主国家画库》（1辑，20种）		
	《苏联画库》（3辑，59种）		
	《木刻连环图画》（6种）		
	《工厂文艺习作丛书》（27种）		
	单行本（36种）		
译著	《月亮下去了》（美·斯坦贝克）	1种	发表于各类文学刊物，或独立出版
创作	文学作品及文学评论	11种	

4. 任职于国家出版社期间（1954年上半年~1997年初，共43年）

	成果	总量	备注
责编	摄影挂图（66种）	668种	任职于上海人民美术出版社
	摄影画片（120种）		
	《人民中国画库》（2辑，32种）		

续表

	成果	总量	备注
责编	外文版图书（16种）		
	《农业通俗画库》（3辑，30种）		
	《治淮小画册》（7种）		
	《中苏友好画库》（20种）		
	《苏联十六个加盟共和国》（16种）		
	《宣传画册》（47种）		
	《摄影艺术画册》（8种）		
	《人物传记摄影画册》（6种）		
	《摄影理论》（18种）		
	《摄影宣传画》（24种）		
	《剧影连环画册》（192种）		
	《科学常识画册》（66种）		
译著	《没有祖国的儿子》（澳·裘得华登）	14种	发表于各类文学刊物，或独立出版
	以翻译小组成员身份参与作品翻译，12种		
	《徐志摩给泰戈尔的信》		
创作	文学作品及文学评论	115种	

表 2　赵家璧于 1930 年代外国著作编辑成果

序号	书名	类别	作者国别	作者	译者	出版时间	丛书/单行本
1	《史太林传》	传记	美国	D. Levive	方仲益（即赵家璧）	1931 年 9 月	
2	《生命知识一瞥》	科普	英国	H. G. Wells	明耀五	1931 年 9 月	
3	《五年计划的故事》	社会	苏联	伊林	张方文（即赵家璧）	1931 年 10 月	
4	《现代欧美作家》	文学评论			赵景深（编译）	1931 年 12 月	
5	《白里安》	传记	英国	V. 汤姆森	彭启炘	1932 年 1 月	
6	《苏维埃式的现代农场》	知识读本		A. L. Strong	蔡咏裳、董绍明	1932 年 1 月	
7	《希特拉》	传记			方仲益（即赵家璧、编译）	1932 年 3 月	
8	《苏联的音乐》	艺术	美国	J. 佛里门	周起应（即周扬）	1932 年 9 月	《一角丛书》
9	《什么是法西斯蒂》	政治	英国	哥得	董林、佩萱	1932 年 9 月	
10	《神经衰弱症》	科普	日本	樫田十次郎等	任一君	1932 年 10 月	
11	《歌中之歌》	诗歌		宗教歌曲	陈梦家	1932 年 11 月	
12	《英美不免一战》	知识读本	美国	Ludwell Denny	何思敬	1933 年 1 月	
13	《兴登堡》	传记	日本	泽田谦	何双璧	1933 年 4 月	
14	《伴侣婚姻》	社会	美国	J. Lindsey	若雄节	1933 年 9 月	
15	《现代意大利文学》	文学评论			汉章（编译）	1933 年 11 月	

续表

序号	书名	类别	作者国别	作者	译者	出版时间	丛书/单行本
16	《凯末尔评传》	传记			修仁（编译）	1933年12月	良友文学丛书
17	《戏》	戏剧			曹禺（编译）	未出版	
18	《竖琴》	小说	俄国	M.札弥亚丁等	鲁迅	1933年1月	
19	《一天的工作》	小说	苏联	B.毕力涅克等	鲁迅	1933年3月	
20	《苏联作家二十人集》	小说	苏联	E.札弥亚丁等	鲁迅	1936年7月	
21	《一个人的受难》	连环画	比利时	麦绥莱勒	鲁迅序		木刻连环画故事
22	《光明的追求》	连环画	比利时	麦绥莱勒	叶灵凤序	1933年9月	
23	《我的忏悔》	连环画	比利时	麦绥莱勒	郁达夫序		
24	《没有字的故事》	连环画	比利时	麦绥莱勒	赵家璧序		
25	《怒吼吧，中国！》	戏剧	苏联	特莱却可夫	潘子农	1935年11月	良友文库
26	《拜伦的童年》	传记	法国	Andre Mauroi	唐锡如	1936年2月	
27	《法国短篇小说集》	小说			黎烈文（编译）		世界短篇小说大系
28	《俄国短篇小说集》	小说			耿济之（编译）	1937年3月预定发行，未出版	
29	《英国短篇小说集》	小说			傅东华（编译）		
30	《德国短篇小说集》	小说			郭沫若（编译）		
31	《日本短篇小说集》	小说			郑伯奇（编译）		

续表

序号	书名	类别	作者国别	作者	译者	出版时间	丛书/单行本
32	《北欧短篇小说集》	小说			郁达夫（编译）		
33	《南欧短篇小说集》	小说			戴望舒（编译）		
34	《苏联短篇小说集》	小说			曹靖华（编译）		
35	《新兴国短篇小说集》	小说			巴金、鲁彦（编译）		
36	《美国短篇小说集》	小说			赵家璧（编译）		
37	《苏联童话集》	童话	苏联		适夷	1932年12月	苏联童话集
38	《白纸黑字》	童话	苏联	M.伊林	董纯才	1933年4月	
39	《钟的故事》	童话	苏联	M.伊林	潘之一	1933年7月	
40	《童子奇遇记》	童话	苏联	洛扎洛夫	张叔愚	1933年10月	
41	《苏联大观》	社会			韩起（编译）	1933年8月	世界各国
42	《意大利大观》	社会			董之学（编译）	1934年5月	现势丛书
43	《皇宫艳史》	小说	美国	霍尔曼	姚志伊	1932年11月	单行本
44	《我的儿子罗斯福》	传记	美国	罗斯福夫人	冯雪冰	1933年8月	单行本
45	《信不信由你：世界奇闻录》	社会		立波莱	蔡维真	1933年9月	单行本
46	《金经集》	宗教读本			罗蒙（编译）	1933年8月	单行本

续表

序号	书名	类别	作者国别	作者	译者	出版时间	丛书/单行本
47	《美国十二女大伟人传》	传记	美国	Alice Booth	马学禹	1934年6月	单行本
48	《室内旅行记》	科普	苏联	伊林	赵筱廷（即赵家璧）	1934年11月	单行本
49	《葛莱泰嘉宝传》	传记		布斯·达肯顿	凌鹤	1934年12月	单行本
50	《十七岁》	小说		布斯·达肯顿	大华烈士	1935年1月	单行本
51	《今日欧美小说之动向》	文学评论	多国		赵家璧（编译）	1935年1月	单行本
52	《不是没有笑的》	小说	美国	兰斯东·休士	夏征农、祝秀侠	1936年10月	单行本
53	《骑马而去的妇人》	小说	英国	D. H. 劳伦斯	唐锡如	1936年10月	单行本
54	《苏联作家七人集》	小说	苏联	鲍里斯·拉甫列涅夫等	曹靖华	1936年11月	单行本
55	《演技六讲》	艺术理论	美国	波里士拉夫斯基	郑君里	1937年4月	单行本
56	《第四十一》（插图本）	小说	苏联	鲍里斯·拉甫列涅夫	曹靖华	1937年6月	单行本

表 3　赵家璧于 1930 年代外国文学译介成果一览

类别	序号	体裁	作品	作者国别	原作者	发表渠道
译作	1	小说	《爱》	法国	莫泊桑	《晨曦》1926 年第 3 期
	2	小说	《奥德赛本事》	希腊	荷马	《晨曦》1926 年第 1 期
	3	传记	《史太林传》	法国	巴比塞	《一角丛书》，1931 年 8 月
	4	小说	《五年计划的故事》	苏联	伊林	《一角丛书》，1931 年 10 月
	5	文学评论	《东方、西方与小说》	美国	勃克夫人（即赛珍珠）	《现代》1933 年第 5 期
	6	传记	《希特拉》		（采写自英美报刊）	《一角丛书》，1932 年 3 月
	7	传记	《凯末尔评传》		（采写自英美报刊）	《一角丛书》，1933 年 12 月
	8	小说	《梅兰沙》	美国	A. 斯坦因	《文艺风景》1934 年第 1 期
	9	小说	《雾》	瑞典	萨尔玛·拉格洛夫	《文学季刊》1934 年第 2 期
	10	文学评论	《近代苏俄小说之趋势》	俄国	米尔斯基	《现代》1934 年第 1 期
	11	文学评论	《近代美国小说之趋势》	美国	华尔德曼	《现代》1934 年第 2 期
	12	文学评论	《近代德国小说之趋势》	德国	瓦塞曼	《现代》1934 年第 3 期
	13	文学评论	《近代西班牙小说之趋势》	英国	蒲里契	《现代》1934 年第 4 期
	14	文学评论	《近代意大利小说之趋势》	意大利	皮蓝得果	《现代》1934 年第 4 期
	15	文学评论	《近代英国小说之趋势》	英国	瓦尔普尔	《现代》1934 年第 5 期

续表

类别	序号	体裁	作品	作者国别	原作者	发表渠道
译作	16	儿童科普	《室内旅行记》	苏联	伊林	单行本，1934年
	17	文学评论	《今日欧美小说之动向》		（汇编自赵家璧发表的译文）	单行本，1935年
	18	小说	《冒险》	美国	安德生	《新小说》1935年创刊号
	19	小说	《纸团》	美国	安德生	《译文》1935年第1期
	20	戏剧	《美秋亚》	希腊	优立辟诺斯（即欧里庇得斯）	《世界文库》，1935年5月
	21	艺术理论	《苏联的版画》		（译自苏联版画展览会宣传册）	收入《苏联版画集》，1936年7月
	22	小说	《分离》	苏联	梭洛各夫（即肖洛霍夫）	《文学丛报》1936年第2期
	23	小说	《大屠杀》	苏联	高尔基	《文学》1936年第2期
	24	文学评论	《论文学及其他》	苏联	高尔基	《文季月刊》1936年第3期
	25	小说	《成熟》	美国	休伍（即舍伍德·安德生）	《文季月刊》1936年第2期
	26	小说	《普式庚之死》	苏联	克拉趣考夫卡耶	《译文》1937年第6期
	27	小说	《手》	美国	休伍（即舍伍德·安德生）	《文艺新潮》1938年第3期

217

续表

类别	序号	体裁	作品	作者国别	原作者	发表渠道
撰述	1	文学评论	《王尔德著〈陶林格兰肖像画〉之介绍》		赵家璧	《晨曦》1926年第1期
	2	文学评论	《〈茶花女〉及其作者》		赵家璧	《晨曦》1926年第2期
	3	文学评论	《谈器彼和他的〈哀史〉》		赵家璧	《申报》1928年1月9日
	4	文学评论	《易卜生百年诞辰纪念》		赵家璧	《申报》1928年3月17日
	5	文学评论	《易卜生作品的三个时期》		赵家璧	《光华周刊》1928年第2期
	6	传记	《汤麦斯哈代》		赵家璧	《光华周刊》1928年第3期
	7	传记	《克拉小姐与两诗人》		赵家璧	《良友》1931年第3期
	8	文学评论	《〈现代欧美作家〉篇前》		赵家璧	收入《一角丛书》之《现代欧美作家》，1931年12月
	9	文学评论	《〈白里安〉篇前》		赵家璧	收入《一角丛书》之《白里安》，1932年1月
	10	文学评论	《〈苏维埃式的现代农场〉篇前》		赵家璧	1932年1月收入《一角丛书》之《苏维埃式的现代农场》
	11	文学评论	《哥德与维特》		赵家璧	《良友》1931年第6期
	12	文学评论	《萧伯纳》		赵家璧	《现代》1933年第5期
	13	文学评论	《沙皇网下的高尔基》		赵家璧	《现代》1933年第1期

续表

类别	序号	体裁	作品	作者国别	原作者	发表渠道
撰述	14	文学评论	《勃克夫人和黄龙》		赵家璧	《现代》1933年第5期
	15	文学评论	《帕索斯》		赵家璧	《现代》1933年第1期
	16	文学评论	《〈苏联童话集〉发刊言》		赵家璧	收入单行本《白纸黑字》,1933年4月
	17	文学评论	《〈没有字的故事〉序》		赵家璧	收入单行本《没有字的故事》,1933年9月
	18	文学评论	《写实主义者的裴屈罗·斯坦因》		赵家璧	《文艺风景》1934年第1期
	19	文学评论	《美国小说之成长》		赵家璧	《现代》1934年第6期
	20	文学评论	《怀远念旧的维拉·凯瑟》		赵家璧	《现代》1934年第6期
	21	文学评论	《一幕黄金的悲剧》		赵家璧	《良友》1934年第3期
	22	文学评论	《肥皂泡上的人类》		赵家璧	《良友》1934年第4期
	23	文学评论	《乌托邦》		赵家璧	《良友》1934年第6期
	24	文学评论	《邃理斯的忏悔》		赵家璧	《文饭小品》1935年第2期
	25	文学评论	《安特生研究》		赵家璧	《文学》1935年第2期
	26	文学评论	《海明威研究》		赵家璧	《文学季刊》1935年第3期

续表

类别	序号	体裁	作品	作者国别	原作者	发表渠道
撰述	27	文学评论	《特莱塞》		赵家璧	《文学月刊》1936年第1期
	28	文学评论	《新传统》		赵家璧	《良友文学丛书》,1936年8月
	29	文学评论	《从横断小说谈到杜司·帕索斯》		赵家璧	《作家》1936年第1期
	30	文学评论	《给一位中学朋友的信:关于读翻译书》		赵家璧	《中学生》1937年第7期
	31	文学评论	《过去一年中的翻译工作》		赵家璧	《文学》1937年第3期
	32	文学评论	《友琴·奥尼尔》		赵家璧	《文学》1937年第3期

参考文献

中文著作

阿英：《阿英全集》，安徽教育出版社，2003。

陈独秀著、滕浩主编：《陈独秀经典》，当代世界出版社，2016。

陈平原：《触摸历史与进入五四》，北京大学出版社，2010。

陈青生：《抗战时期的上海文学》，上海人民出版社，1995。

陈瘦竹：《左翼文艺运动史料》，南京大学编辑部，1980。

邓集田：《中国现代文学出版平台（1902—1949）》，上海文艺出版社，2012。

丁景唐：《中国现代著名编辑家编辑生涯》，中国展望出版社，1990。

范军：《中国出版文化史论稿》，华中师范大学出版社，2011。

范用：《爱看书的广告》，生活·读书·新知三联书店，2004。

方维规：《文学社会学新编》，北京师范大学出版社，2011。

费孝通：《乡土中国》，生活·读书·新知三联书店，1985。

葛校琴、严晓江主编《文学翻译研究导引》，南京大学出版社，2013。

宫留记：《布尔迪厄的社会实践理论》，河南大学出版社，2009。

（清）龚自珍：《龚自珍全集》，上海人民出版社，1975。

郭延礼：《中国近代翻译文学概论》，湖北教育出版社，2005。

泓峻：《共生与互动——20世纪前期的文学观念变革与语言变革》，安徽文艺出版社，2010。

胡适：《胡适全集》，安徽教育出版社，2003。

黄瑚：《中国新闻事业发展史》，复旦大学出版社，2004。

黄健：《民国文化与民国文论》，山东文艺出版社，2015。

金宏宇：《文本周边——中国现代文学副文本研究》，武汉大学出版社，2014。

旷新年：《1928：革命文学》，山东教育出版社，1998。

李春雨：《出版文化与中国文学的现代转型》，北京语言大学出版社，2011。

李旦初：《李旦初文集》，人民日报出版社，2004。

李建伟编《编辑实务》，河南大学出版社，2014。

李怡：《作为方法的"民国"》，山东文艺出版社，2015。

李怡、罗维斯、李俊杰：《民国文学讨论集》，中国社会科学出版社，2014。

连连：《萌生：1949年前的上海中产阶级》，中国大百科全书出版社，2009。

刘禾：《跨语际实践——文学，民族文化与被译介的现代性》，宋伟杰等译，生活·读书·新知三联书店，2002。

刘卫国：《中国新文学研究史》，社会科学文献出版社，2015。

刘震：《左翼文学运动的兴起与上海新书业（1928—1930）》，人民文学出版社，2008。

芦珊珊：《中国出版家·赵家璧》，人民出版社，2016。

鲁迅：《鲁迅全集》（大字线装本），人民文学出版社，2014。

鲁迅：《鲁迅书信》，人民文学出版社，2006。

鲁迅：《南腔北调集》，人民文学出版社，1958。

陆挺、徐宏：《人文通识讲演录》，文化艺术出版社，2007。

陆小曼：《陆小曼自述自画》，中国青年出版社，2013。

路英勇：《认同与互动——五四新文学出版研究》，安徽文艺出版社，2004。

罗执廷：《民国社会场域中的新文学选本活动》，山东文艺出版社，2015。

马睿：《文学理论的兴起：晚清民初的一份知识档案》，山东文艺出版社，2015。

穆凤良：《翻译的共性与个性》，国防工业出版社，2014。

南京大学中国现代文学研究中心：《中国现代文学传统》，人民文学出版社，2002。

潘薇薇：《从〈申报〉广告看中国近代小说运动》，东方出版中心，2015。

瞿秋白：《瞿秋白文集》，人民文学出版社，1954。

冉彬：《上海出版业与三十年代上海文学》，上海文化出版社，2012。

任淑坤：《五四时期外国文学翻译研究》，人民出版社，2009。

上海鲁迅纪念馆编《赵家璧文集》，上海文艺出版社，2008。

上海鲁迅纪念馆、上海文艺出版社编《赵家璧先生纪念集》，上海文艺出版社，1998。

施晓燕：《赵家璧画传》，上海人民美术出版社，2008。

宋应离、袁喜生、刘小敏编《20世纪中国著名编辑出版家研究资料汇辑》，河南大学出版社，2005。

孙庆升：《孙庆升文集》，人民日报出版社，2014。

孙宜君：《文艺传播学》，济南出版社，1993。

唐振常：《上海史》，上海人民出版社，1989。

汪耀华：《1843年开始的上海出版故事》，上海人民出版社，2014。

王嘉良、金汉主编：《中国现当代文学》，浙江大学出版社，1995。

王建辉：《老出版人肖像》，江苏教育出版社，2003。

王晓渔：《知识分子的"内战"——现代上海的文化场域（1927—1930）》，上海人民出版社，2007。

王瑶：《王瑶文集》，河北教育出版社，2000。

王一川：《中国现代性体验的发生》，北京师范大学出版社，2011。

王永祥：《民初的政治文化生态与新文学的空间场域》，山东文艺出版社，2015。

王余光、吴永贵：《中国出版通史》，中国书籍出版社，2008。

王元忠、王建斌：《从现代到当代——新文学的历史和命名》，中国社会科学出版社，2003。

王哲甫：《中国新文学运动史》，北平杰成印书局，1933。

王振铎、赵运通：《编辑学原理论》，中国书籍出版社，2004。

王知伊：《编辑记者一百》，学林出版社，1985。

韦泱：《旧书的底蕴》，上海辞书出版社，2013。

文言：《文学传播学引论》，辽宁人民出版社，2006。

吴克礼：《文化学教程》，上海外语教育出版社，2002。

吴效刚：《民国时期查禁文学史论》，中国社会科学出版社，2013。

吴永贵：《民国出版史》，福建人民出版社，2011。

谢刚：《泮潄江上》，社会科学文献出版社，2014。

谢天振：《译介学》，上海外语教育出版社，1999。

徐鹏绪、李广：《〈中国新文学大系〉研究》，社会科学文献出版社，2007。

徐志摩：《秋》，良友图书印刷公司，1936。

许纪霖:《近代中国知识分子的公共交往(1895—1949)》,上海人民出版社,2008。

宣浩平:《大众语文论战》,上海启智书局,1934。

杨联芬:《晚清至五四:中国文学现代性的发生》,北京大学出版社,2003。

叶圣陶:《四三集》,上海良友图书印刷公司,1936。

袁国兴:《1898—1948 中国文学场态》,广东人民出版社,2005。

袁进:《中国文学观念的近代变革》,上海社会科学院出版社,1996。

臧杰:《天下良友》,青岛出版社,2009。

詹七一:《知识社会学视野中的文学家——以中国现代文学为例》,人民出版社,2015。

张如法:《编辑社会学》,河南大学出版社,1993。

张天星:《报刊与晚清文学现代化的发生》,凤凰出版传媒集团,2011。

张泽贤:《良友与晨光》,上海远东出版社,2017。

章宏伟:《出版文化史论》,华文出版社,2002。

赵家璧:《编辑生涯忆鲁迅》,人民文学出版社,1981。

赵家璧:《编辑忆旧》,生活·读书·新知三联书店,2008。

赵家璧:《书比人长寿——编辑忆旧集外集》,中华书局,2008。

赵家璧:《文坛故旧录》,中华书局,2008。

赵家璧主编,胡适等编选:《中国新文学大系》,良友图书印刷公司,1936。

赵献涛:《民国文学研究》,中国广播影视出版社,2015。

周维东:《民国文学:文学史的"空间"转向》,山东文艺出版社,2015。

朱国华：《文学与权力——文学合法性的批判性考察》，北京大学出版社，2014。

朱立元：《接受美学》，上海人民出版社，1989。

朱晓进：《政治文化与中国二十世纪三十年代文学》，人民出版社，2006。

朱自清：《朱自清全集》，江苏教育出版社，1990。

〔荷〕D. 佛克马、〔荷〕E. 蚁布思：《文学研究与文化参与》，俞国强译，北京大学出版社，1996。

〔英〕戴维·斯沃茨：《文化与权力——布尔迪厄的社会学》，陶东风译，上海世纪出版集团，2012。

《马克思恩格斯文集》，中共中央马克思恩格斯列宁斯大林著作编译局译，人民出版社，2009。

〔法〕皮埃尔·布尔迪厄：《艺术的法则——文学场的生成与结构》，刘晖译，中央编译出版社，2011。

〔美〕芮哲非：《谷腾堡在上海：中国印刷资本业的发展（1876—1937）》，张志强等译，商务印书馆，2014。

〔英〕特里·伊格尔顿：《马克思主义与文学批评》，文宝译，人民文学出版社，1980。

Andre Lefever, *Translation, Rewriting and the Manipulation of Literary Fame*, Shanghai Foreign Education Press, 2004.

Andre Lefever, *Translation, History, Culture: A Sourcebook*, Shanghai Foreign Education Press, 2004.

Susan Bassnett, Andre Lefevere, *Constructing Cultures: Essays On Literary Translation*, Shanghai Foreign Education Press, 2004.

论　文

张宝林：《左翼立场与美国文学形象构建——论赵家璧的美国现

代小说研究》，《甘肃广播电视大学学报》2017年第1期。

崔玲：《从我国三十年代长篇小说的繁荣看西方文学对中国作家作品的影响》，《齐齐哈尔师范学院学报》（哲学社会科学版）1992年第1期。

杜平：《文学场域中经典建构的社会动力分析》，《学术界》2012年第11期。

范军、欧阳敏：《试述民国时期出版企业股票的募集与流通》，《出版发行研究》2016年第1期。

高语罕：《参与陈独秀葬仪感言》，《大公报》，1942年6月4日，第3版。

冯雪峰：《论文学的大众化》，《文学》1932年第8期。

胡适：《追悼志摩》，《新月》1932年第3期。

华水：《赵家璧的书橱——一位老编辑的过去和现在》，《编创之友》1983年第1期。

何国梅：《商务印书馆的现代企业制度研究：1897—1949》，硕士学位论文，华中师范大学，2011。

黄发有：《文学编辑与文学生态》，《当代作家评论》2007年第3期。

黄曼君：《回到经典重释经典——关于20世纪中国新文学经典化问题》，《文学评论》2004年第4期。

姜德明：《忆家璧先生》，《博览群书》1997年第7期。

李频：《群体甄别对个人独识的超越——赵家璧主编〈二十人所选短篇佳作集〉解析》，《河南大学学报》（社会科学版）1991年第5期。

李频：《"邀约能手"：〈中国新文学大系〉成因解析》，《编辑学刊》2001年第1期。

李天英：《新文学新善本——〈良友文学丛书〉考》，《大学图书馆学报》2015 年第 6 期。

李文俊：《家璧先生与福克纳的初版本》，《文学自由谈》1993 年第 2 期。

良友杂志社：《〈一角丛书〉广告》，《申报》，1933 年 3 月 31 日，第 3 版。

良友杂志社：《〈良友〉目录页图书广告》，《良友》1936 年第 114 期。

良友杂志社：《〈良友文学丛书〉广告》，《良友》1934 年第 9 期。

良友杂志社：《〈中国新文学大系〉广告》，《良友》1935 年第 3 期。

龙小农：《20 世纪中国知识分子的"淑世意识"与编辑出版业的勃兴》，《中国编辑》2015 年第 1 期。

鲁迅：《摩罗诗力说》，《河南》1908 年第 2 期。

鲁迅：《文艺的大众化》，《大众文艺》1930 年第 3 期。

罗妍：《〈良友〉画报广告研究》，硕士学位论文，厦门大学，2008。

马媛媛：《伍联德与〈良友〉画报》，硕士学位论文，河北师范大学，2007。

茅盾：《新文学研究者的责任与努力》，《小说月报》1921 年第 2 期。

彭林祥：《新文学"第一流作家之出品"——〈良友文学丛书〉》，《新文学史料》2015 年第 4 期。

前锋月刊社：《民族主义文艺运动宣言》，《前锋月刊》1930 年第 1 期。

秦弓:《现代翻译文学的建树及价值》,《现代中国文化与文学》2009 年第 2 期。

秦林芳:《三十年代翻译文学面面观》,《南通师范学院学报》(哲学社会科学版) 2000 年第 1 期。

邱焕星:《〈中国新文学大系(1917—1927)〉对现代文学历史的重构》,《菏泽学院学报》2008 年第 6 期。

邵凯云:《从〈中国新文学大系〉看赵家璧的主编特色》,《台州学院学报》2004 年第 5 期。

宋淼:《良友图书印刷公司的出版研究》,硕士学位论文,复旦大学,2014。

宋媛:《略说"良友文学奖金"》,《北京师范大学学报》(社会科学版) 2008 年第 6 期。

宋媛:《民国时期良友图书公司考略》,《廊坊师范学院学报》(社会科学版) 2008 年第 6 期。

覃江华、梅婷:《文学翻译出版中的编辑权力话语》,《编辑之友》2015 年第 4 期。

谭善明:《焦虑、游戏、文学场——论文学经典的建构之途》,《殷都学刊》2009 年第 2 期。

万小溪:《意识形态对翻译的操控——以 20 世纪二三十年代翻译文学为例》,《湖北广播电视大学学报》2013 年第 8 期。

王峰:《场域视野下的文学经典建构》,《河南师范大学学报》(哲学社会科学版) 2011 年第 7 期。

王永祥:《由文化商品到学术经典的转化——以〈中国新文学大系〉(1917—1927)为例》,《社会科学研究》2012 年第 5 期。

温儒敏:《论〈中国新文学大系〉的学科史价值》,《文学评论》2001 年第 3 期。

吴福辉：《作为文学（商品）生产的海派期刊》，《中国现代文学研究丛刊》1994 年第 1 期。

吴健敏：《从〈文坛故旧录〉年编辑与作者的关系》，《编辑之友》2010 年第 1 期。

吴靖：《中国近现代稿酬制度流变考略——兼论稿酬制度对文学生产的影响》，《书屋》2013 年第 7 期。

吴效刚：《论民国时期查禁文学》，《中国现代文学研究丛刊》2012 年第 11 期。

伍联德：《良友一百期之回顾与前瞻》，《良友》1934 年第 100 期。

伍联德：《再为良友发言》，《良友》1929 年第 36 期。

新青年杂志：《本志编辑部启事》，《新青年》1918 年第 1 期。

徐婉洁：《赵家璧在桂林抗战文化城的翻译研究》，《湖北经济学院学报》（人文社会科学版）2015 年第 3 期。

徐肖南：《西方文学对中国文化和文学现代性进程的影响》，《华南理工大学学报》（社会科学版）2001 年第 1 期。

闫美景：《"大系"里的"小文章"——读〈1917—1927 中国新文学大系导言集〉》，《成都师范学院学报》2013 年第 11 期。

杨军：《试论编辑活动中的文化选择》，《陕西师范大学学报》（哲学社会科学版）2002 年第 4 期。

杨柳：《文化资本与翻译的话语权力》，《中国翻译》2003 年第 2 期。

杨卫民：《近代上海出版人与上海社会生活关系研究述略》，《焦作师范高等专科学校学报》2012 年第 2 期。

杨义：《新文学开创史的自我证明——为〈中国新文学大系导

言集〉所作导言》，《文艺研究》1999年第5期。

姚玳玫：《1933—1935年：新文学史汇编热中的"阿英框架"》，《中国现代文学研究丛刊》2013年第5期。

姚君伟：《赵家璧与美国文学在中国的出版和译介》，《新文学史料》2011年第1期。

姚琪：《最近的两大工程》，《文学》1935年第6期。

余汉生：《良友十年以来》，《良友》1934年第12期。

郁达夫：《现代小说所经过的路程》，《现代》1932年第2期。

张宝林：《左翼立场与美国文学形象构建——论赵家璧的美国现代小说研究》，《甘肃广播电视大学学报》2017年第1期。

张典：《赵家璧与新文学运动》，《编辑之友》2001年第4期。

张慧丽：《从〈良友文学丛书〉看赵家璧的编辑出版思想》，《出版科学》2015年第4期。

张黎敏、夏一鸣：《中国新文学资源的创造性转化——赵家璧杂志编辑思想研究》，《编辑学刊》2017年第1期。

张如法：《编辑参与了文学创造》，《河南大学学报》（社会科学版）1998年第3期。

张志强：《赵家璧的编辑思想》，《中国出版》1998年第1期。

赵家璧：《〈回顾与展望〉前言》，《编辑之友》1986年第1期。

赵家璧：《〈良友画报〉二十年的坎坷历程》，《新闻研究资料》1987年第1期。

赵家璧：《编辑生涯忆茅盾》，《编辑学刊》1987年第10期。

赵家璧：《出版〈美国文学丛书〉的前前后后——回忆一套标志中美文化交流的丛书》，《读书》1980年第10期。

赵家璧：《出版家与出版商》，《出版工作》1998年第2期。

赵家璧：《和靳以在一起的日子》，《新文学史料》1988年第

2 期。

赵家璧:《回忆鲁迅给"良友"出版的第一部书——关于〈苏联作家二十人集〉》,《新文学史料》1981 年第 2 期。

赵家璧:《回忆鲁迅与连环图画》,《美术》1979 年第 8 期。

赵家璧:《回忆鲁迅最后编校作序的一部书——关于曹靖华编译的〈苏联作家七人集〉》,《新文学史料》1981 年第 1 期。

赵家璧:《回忆郁达夫与我有关的十件事》,《新文学史料》1985 年第 3 期。

赵家璧:《回忆郑伯奇同志在"良友"》,《新文学史料》1979 年第 5 期。

赵家璧:《老舍和我》,《新文学史料》1986 年第 3 期。

赵家璧:《三十年代的革命新苗——回忆专为左联青年作家编印的一套创作丛书》,《新文学史料》1980 年第 1 期。

赵家璧:《我们为什么出版定期丛书》,《良友》1931 年第 61 期。

赵家璧:《想起蔡元培先生的一个遗愿》,《新文学史料》1978 年第 1 期。

赵家璧:《追叙未完成的〈世界短篇小说大系〉》,《新文学史料》1984 年第 2 期。

赵家璧:《最后谈话》,《中国学生》1931 年第 8 期。

赵敬立:《出版史上的赵家璧》,《中国现代文学研究丛刊》1998 年第 3 期。

赵修慧:《赵家璧主编〈中国新文学大系〉》,《世纪》2006 年第 4 期。

郑伯奇:《左联回忆散记》,《新文学史料》1982 年第 2 期。

朱国华:《文学权力:文学的文化资本》,《求是学刊》2001 年第 4 期。

后　记

中国的出版事业具有悠久的历史，涌现许多志向高远、成果丰硕的出版家。他们的智慧已经融入中国绵延不绝的文脉，化作品种丰富、形式多样的出版物广泛流传。赵家璧在中国现代出版史上占据有重要位置，他为中国现代文学的经典化做出了巨大贡献，他的编辑经验和出版理念是值得我们深入探究和学习的。

2023年秋天，在华侨大学的厦门校区，我有幸参加了由全国出版学科专业共建工作专家组和全国出版专业学位研究生教育指导委员会秘书处主办的"中国特色出版学科专业中青年教师培训班"。这次培训的目的在于组织出版学科的教师深入学习贯彻习近平文化思想，积极开展马克思主义出版观教育，努力提高出版学科专业中青年教师的政治思想水准和立德树人本领，着力推动全国出版学科专业师资整体水平提升。会后，大家都很受鼓舞，全国高校更加重视出版学科的建设。在我对赵家璧编辑出版实践活动的研究中，我深刻认识到：无论身处哪个时代，出版人只有了解具体国情、顺应时代需求，才能有所建树；以赵家璧为代表的一批优秀的现代出版家，他们是在前辈出版人的示范带动下成长起来的，经验累积、效仿前贤、提携青年等行为就体现了我国出版业的传承。

这部书稿，虽然水平有限，存在这样那样的不足之处，但是，它是我对近期读书和研究所做的一次汇报，代表着我为出版学科建设做出的一点点努力，请大家多批评指正。

本书的出版，得到了昆明理工大学艺术与传媒学院同事们的鼓励与支持，大家帮我出谋划策，联系出版事宜，节约了我许多心力。在书稿的编校过程中，社会科学文献出版社的周琼老师从细节处把关，为提升文本的可读性和规范性做了大量案头工作。对他们的热情帮助和辛勤劳动，我表示衷心的感谢！

不经意间回首，发现我与昆明理工大学已经共度20个春秋。正值昆明理工大学建校70周年之际，谨以此书向校庆献礼。

2024年夏，写于春城

图书在版编目(CIP)数据

赵家璧与1930年代的文学场／傅乃芹著.--北京：社会科学文献出版社，2024.8.--ISBN 978-7-5228-4000-0

Ⅰ.I206.6

中国国家版本馆CIP数据核字第2024MX4565号

赵家璧与1930年代的文学场

著　　者／傅乃芹

出 版 人／冀祥德
组稿编辑／周　琼
责任编辑／朱　月
责任印制／王京美

出　　版／社会科学文献出版社
　　　　　　地址：北京市北三环中路甲29号院华龙大厦　邮编：100029
　　　　　　网址：www.ssap.com.cn
发　　行／社会科学文献出版社（010）59367028
印　　装／三河市尚艺印装有限公司

规　　格／开本：889mm×1194mm　1/32
　　　　　　印张：7.75　字数：180千字
版　　次／2024年8月第1版　2024年8月第1次印刷
书　　号／ISBN 978-7-5228-4000-0
定　　价／79.00元

读者服务电话：4008918866

版权所有 翻印必究